KB049909

책세상문고 · 고전의 세계

맹자
孟子

맹자
孟子

맹가 지음
·
안외순 옮김

책세상

일러두기

1. 이 책은 《맹자孟子》 열네 편 가운데 〈양혜왕梁惠王〉 상·하, 〈공손추公孫丑〉 상·하, 〈만장萬章〉 상·하, 〈진심盡心〉 상·하 등 여덟 편을 발췌하여 옮긴 것이다.
2. 이 책은 조선 정조 1년에 간행된 내각(규장각)장內閣藏본 《맹자집주대전孟子集註大全》(성균 관대학교 대동문화연구원, 영인 간행, 1985)을 저본으로 삼았다.
3. 주는 모두 옮긴이주이며 후주로 처리했다.
4. 절은 《맹자집주대전》을 따랐으나 구句는 자연스럽게 읽히도록 옮긴이가 임의로 붙이거 나 구분했다.
5. 기본적으로 의역을 피하고 직역을 했다. 단, 필요한 경우 옮긴이가 보충하는 말이나 짤 막한 설명은 〔 〕 안에 넣었다.
6. 필요한 경우 한자를 병기하되, 음이 같은 경우는 바로 병기했고 음이 다르고 뜻만 같은 경우는 원문의 한자를 〔 〕 안에 넣어 병기했다.
7. 중국어는 중국어 표기법에 따르지 않고 우리 한자음대로 표기한 뒤 한자를 병기했다.

맹자 | 차례

들어가는 말 | 안외순 7

제1장 양혜왕 상 15
제2장 양혜왕 하 35
제3장 공손추 상 59
제4장 공손추 하 79
제5장 만장 상 99
제6장 만장 하 119
제7장 진심 상 137
제8장 진심 하 165

해제— 왕도정치, 조화로운 공존의 정치 191
1. 맹가, 새로운 세상을 설계하다 193
2. 《맹자》의 구성과 내용 202

3. 왕도정치 — 물질적 풍요와 도덕적 성숙의 조화 206

   (1) 양민 — 왕도정치의 시작 208

   (2) 교민 — 왕도정치의 완성 212

   (3) 오륜 — 조화로운 인간 관계의 표상 214

4. 유덕자와 방벌론 — 정치가의 자격과 정치적 책임 218

5. 21세기와 《맹자》 222

주 225

더 읽어야 할 자료들 237

옮긴이에 대하여 241

지금으로부터 약 2천5백여 년 전 이른바 '중국'[1] 땅에서는 새로운 문명관이 태동하고 있었다. 이전까지는 인간의 능력, 인간의 의지를 넘어선 어떤 초월자의 의지나 운명이 인간 세상을 주재한다는 생각이 지배적이었다. 그러나 이 새로운 문명관은 인간의 이성과 의지 그리고 인간의 도덕률이 적어도 인간의 삶과 인간 공동체를 주체적으로 운영해야 한다는 세계관을 들고 나왔다. 그리고 설사 초월자의 의지나 타고난 운명이 존재한다 하더라도 인간의 이성적인 눈으로 그것을 독해하고, 인간의 의지로 그것을 실천하며, 인간의 도덕률로 그 옳고 그름을 판단하는 것이야말로 초월자의 의지를 진정 '인간적으로' 실천하는 길이라고 인식했다. 바꿔 말하면 이 새로운 문명관은 초월자에 대해 수동적으로 응하던 인간의 삶 대신 주체적인 삶을 요구했고, 이러한 인간의 주체적인 삶에 초월자의 권위를 부여해주었다. 이후 지성사는 이 문명관에 대해 합리적이고 세속적이며 인본적이라는 평가를 내

렸고, '유가儒家'라는 이름을 붙였다. 이것은 지금 모든 인류가 '공 선생님', 곧 '공자孔子'[2]라고 부르는 한 선각자에게서 시작되었다.

공자에 의해 주창되자 각지에서 제자를 자처하며 몰려든 무리가 한때 3천여 명에 이르고, 그 가운데 현자로 불리는 제자들만 해도 70명이 넘을 정도로 성대한 학단學團을 이뤘던 유가는, 공자 사후 백여 년 사이에 그다지 주목받지 못하고 난무하는 여러 제자백가들 가운데 하나로 전락해 있었다. 이미 천하는 전쟁으로 점철되었고 세상 인심은 물질주의 아니면 은둔주의가 판치고 있었다. 이 와중에서 공자 사상의 가치를 재인식하고, 이것이야말로 천하를 구원하는 구세의 도라고 인식한 사람이 있었다. 그는 공자의 사상을 인성론, 윤리론, 정치론으로 체계화하고 심화했다. 이로써 유가는 2천년 넘게 그 태동지인 '중국'만이 아니라 한자문화권 전역에 이른바 '유가문명권'을 형성할 수 있었다. 바로 그 장본이 스스로 공자를 사숙私淑했다고 자처하는 맹가孟軻(기원전 372?~기원전 289?)[3]이다.

맹가 역시 우리에게 '맹자孟子'로 더 잘 알려져 있다. 맹자라는 호칭은, 공자와 마찬가지로, 원래 그의 제자들이 존경을 표시하기 위해 '선생님'이라는 뜻의 존칭어 '자子'라는 글자를 붙인 것에서 시작되었는데, 유가 문명이 한자문화권의 대표 문명이 되면서 이제는 전 인류가 자연스럽게 '맹자'라고 부르게 되었다. 뿐만 아니라 그 후배 순황荀況이나 사숙한 제자 주희朱熹 등도 본명보다 '순 선생님〔荀子〕', '주 선생님〔朱子〕'으로 인류에 회자되었다. 요컨대 맹가에 의해 이 모든 것이 가능한 토대가 만들어졌다.

맹가는 공자4보다 백여 년 뒤인 전국戰國시대를 살았다. 공자가 살았던 춘추春秋시대가 주周나라를 중심으로 한 예禮적 봉건질서가 붕괴되기 시작한 시기라면 전국시대는 아예 봉건질서의 미덕은 흔적도 없고, 부와 무력만을 앞세우는 약육강식의 풍토가 천하에 만연된 시기였다. 오직 부국강병만이 천하 지배의 잣대이고, 패권쟁탈의 전쟁이 정치인 줄 아는 시대였다. 지식인의 이름을 걸친 사람들은 부국강병을 추구하는 패도정치覇道政治 이론을 전개하여 군주들의 선호에 영합했다. 그렇지 않은 소수의 지식인들은 개인주의 성향의 위아주의爲我主義 아니면 사해동포주의 성향의 겸애주의兼愛主義에 심취해 있었다. 그런데 맹가가 보기에 이 이론들은 일견 그럴듯해 보이지만 사실 위아주의는 공적 존재로서의 인간적 측면을, 겸애주의는 사적 존재로서의 인간적 측면을 해치는 사이비似而非 학설에 지나지 않았다. 맹가는 이 시기를 약육강식을 넘어서 '인장상식人將相食', 곧 사람끼리 서로 잡아먹는 세상으로 표현했다.

맹가는 이와 같은 '인장상식의 현실'과 '사이비 학설의 난무' 상태를 극복하고 천하를 구제할 통일 방안을 공동체 구성원 모두의 공존을 지향하는 정치에서 찾았다. 다시 말해 패도정치는 백성을 배제하는 정치이고, 배제는 필연적으로 또 다른 배제를 초래하기 마련인데, 백성을 희생양으로 삼아 '군주제일주의'에 복무하는 '경제제일주의'와 '군사제일주의'는 설사 통일을 이루더라도 언젠가 또 다른 강자가 나타나면 그 자신도 희생양이 될 수밖에 없는, '만인 대 만인의 투쟁 상태의 연속'에 지나지 않는다. 따라서 진정한 부국과 강병은 물질적 극대화나 강력한 군사력의 보유 여부에 달린 것이 아니라 모든 공동체 구성원의 행복을 위하여 그것을 공유할 줄 아는, 여민동락與民同樂의 능력에 달렸다고 확신했다.

맹가에게 정치의 목적은 위민爲民과 보민保民에 있으며, 실천 방법은 '양민養民'과 '교민敎民' 곧 백성을 경제적으로 부양하고 도덕적으로 교육하는 민본주의 원리에 달려 있었다. 그리고 이것은 인간의 본성에 부합하는 정치로서 인간이 자신의 이성과 도덕적 의지로 실천하기만 하면 되는 문제였다. 이것이 인정仁政 또는 왕도정치王道政治이다.

맹가의 이와 같은 인정론, 곧 왕도정치론은 쌍무호혜적 관계주의 세계관을 지닌 공자의 인仁 관념에 기초한 것이었다. 공자의 인 관념은 인간이란 기본적으로 타인과의 관계 속에서 그 존재가 가능하다는 관계윤리에서 출발한다. 인간은 자신의 존재를 가능하게 만들어주는 타자를 배제의 대상으로 인식해서는 안 되고 돌봄과 배려에 의한 공존의 대상으로 인식해야 한다. 여기서 '나를 비추어보아 남을 이해하는 마음', 곧 추기급인推己及人의 인仁이 도출된다. 그러나 여러 가지 방식으로 피력되기는 했지만, 아직은 체계적이지 못한 공자의 이러한 인 관념을 맹가는 공자의 유작들인 《시경詩經》에서 더듬고 《서경書經》에서 추적하며 《논어論語》를 숙고함으로써 철학·윤리·정치·사상적으로 체계화하고 심화했다. 그리하여 마침내 인간의 일상적 윤리 행위의 존엄성을 정치적 행위의 존엄성은 물론 초월적 존엄성까지 내포하는 수준으로 격상시켰다. 즉 인도人道의 권위를 천도天道의 권위에 합치시켰던 것이다.

이렇게 해서 우리가 유가라고 했을 때 흔히 떠올리는 성선설性善說, 호연지기설浩然之氣說, 양지양능설良知良能說, 인의예지仁義禮智 사덕설四德說, 오륜설五倫說에 입각한 인간론이 맹가에 의해서 성립되었다. 또 여민동락설與民同樂說, 방벌설放伐說, 정전설井田說, 양민養民·보민保民·교민敎民 등으로 구성된 유가의 대표적인 정치론도 맹가에 의해서 이룩되었다. 맹가는 민심과 천심을 등치시키고 진정한 인간의 존엄성을 하늘의 존엄성과 등치시키는 위업을 성취했다.

진秦나라 때 분서갱유의 주요 표적이었던 유가는 한나라가 들어서면서 마침내 국가의 공식 이념으로 채택되었다. 또한 《맹자孟子》는 효제孝帝 때 이르러 기존의 오경五經과 《논어》, 《효경孝經》, 《이아爾雅》와 함께 전문박사를 두어 연구할 만큼 중시되었다. 그러나 그것도 잠시, 한자문화권에 전제군주제가 강화되면서부터 《맹자》는 장구한 세월 동안 금서로 취급당했다. 군주제일주의를 추구하는 위정자들에게 민귀군경民貴君輕, 폭군 방벌론 등으로 일관된 《맹자》는 불온서적이기에 충분했기 때문이다. 그리고 이때부터 현실세계에서 진정한 《맹자》 정신은 사장되고 《순자》와 외유내법外儒內法의 위계적인 사유가 유가 전체의 이름으로 작동하게 되었다.

《맹자》는 인본적이고 평화적인 문명을 구축하기 위해 물질주의와 군사주의에 저항하는 고대 동아시아 세계의 지적 고뇌를 대표하고 있다. 그렇기 때문에 이후 2천5백여 년 동안 동아시아 세계가 위기를 맞이할 때마다 당대 지성인들은 《맹자》 읽기 운동을 전개해왔다. 그리고 그때마다 《맹자》는 당대에 맞게 재해석되면서 새로운 지적 원천을 제공해왔다.

근대에 대한 성찰과 새로운 문명 창출을 위한 숱한 담론들이 쏟아져 나오고 있는 작금의 시점에서 옮긴이는 《맹자》를 떠올린다. 《맹자》의 인정론仁政論은 배제주의에 입각한 지배담론을 거부한다. 특히 강자의 배제주의를 거부한다. 대신 그것은 인仁의 원리, 곧 '조화적 공존'만이 근본적인 대안임을 강조한다. 기원전 전국시대 군사주의, 금권주의, 군주주의에 저항했던 《맹자》의 열변은 전 지구적으로 팽배했던 20세기적 그것들을 극복하는 거울로 삼기에 충분하지 않을까? 이어지는 《맹자》에서 직접 확인하는 것으로 그 대답은

족하리라.

이를 위해 이 책에서는《맹자》열네 편 가운데 〈양혜왕〉·〈공손추〉·〈만장〉·〈진심〉 각 상·하 여덟 편을 번역했다. 〈등문〉·〈이루〉·〈고자〉 상·하편이 중요하지 않은 것은 아니지만《맹자》의 핵심 메시지가 왕도정치론에 있고 위의 여덟 편이 특히 왕도정치의 개요, 성립, 전개양상, 변동원리 등에 대해 체계적인 설명을 개진하고 있다고 판단되어 선택했다(자세한 내용은 이 책 〈해제〉 2절《맹자》의 구성과 내용을 참조하라).

《맹자》를 읽으면서 이러한 메시지 외에도 연목구어緣木求魚, 여민동락, 오십보백보五十步百步, 조장助長, 집대성集大成, 오륜五倫, 인륜人倫, 민본民本, 위민爲民, 보민保民, 교민教民, 국가國家 등 우리가 일상적으로 사용하는 용어와 한자성어의 출전이《맹자》였음을 확인하는 부수적인 재미도 솔찮게 누렸으면 한다.

옮긴이 안외순

제1장

양혜왕 상

1.

맹자가 양 혜왕梁惠王[5]을 만났다. 왕이 말했다.

"어르신〔叟〕께서 천 리를 멀다 않고 오셨으니 우리나라에 이익이 되겠군요."

맹자가 대답했다.

"왕께서는 하필이면 이익을 말씀하십니까? 인의가 있을 뿐입니다. 왕께서 '어떻게 하면 우리나라에 이익이 될까?' 하시면 대부大夫〔관직자〕들도 '어떻게 하면 우리 가家[6]에 이익이 될까?' 하고, 사士와 서민〔庶人〕들도 '어떻게 하면 나에게 이익이 될까?' 하게 됩니다. 이렇게 윗사람과 아랫사람이 서로 이익을 다툰다면 국가가 위태로워질 것입니다. 만승萬乘의 나라[7]에서 군주를 시해하는 자는 필시 천승千乘[8]을 가진 공경公卿의 집안이요, 천승의 나라에서 군주를 시해하는 자는 필시 백승百乘[9]을 가진 대부의 집안입니다. 또 만승이 천승을 취하고, 천승이 백승을 취하는 일이 흔하지 않은 것도 아닙니다. 그런데 만일 정의를 나중에 생각하고 이익을 먼저 생각한다면 서로들 빼앗지 않으면 만족하지 못할 것입니다. 하지만 인仁하고서 자기 어버이를 버리는 사람은 없고, 의로 우면서 자기 군주를 나중에 생각하는 사람도 없습니다. 그러니 왕께서는 인의만을 말씀하셔야 합니다. 어찌 이익을 말씀하시겠습니까?"

2.

맹자가 양 혜왕을 알현했는데, 왕이 연못가에 있다가 기러기들과 사슴들을 돌아보고 말했다.

"현자께서도 이런 것들을 즐기시오?"

맹자가 대답했다.

"현자라야만 이런 것들을 즐길 수 있습니다. 현자가 아니라면 이런 것들을 소유하고 있더라도 즐기지 못할 것입니다. 《시경》(〈대아大雅〉, 영대靈臺 편)에서 말했습니다.

영대靈臺를 처음 지을 적에〔經營〕 땅을 재고 표지판을 세우자 뭇 백성이 돕는지라 하루도 안 되어 이루었도다.
처음 공사를 시작할 적에 〔문왕이〕 '서두르지 말라' 했으나 뭇 백성이 자식처럼 달려왔구나.

왕〔문왕〕이 영유靈囿에 계시니
암사슴이 엎드려 있네.
암사슴은 윤기로 반짝이고 백조는 눈부시고 눈부시구나.
왕이 영소靈沼에 계시니
아! 가득한 물고기가 팔딱거리며 뛰어오르네.

　문왕文王[10]은 백성들의 힘으로 누대를 만들고 연못을 만들
었지만 백성들이 그것을 기꺼이 즐거워하여 그 누대를 '영
대'라 하고 그 연못을 '영소'라 했습니다. 그리고 문왕의 사
슴, 물고기, 자라 등을 〔함께〕 즐겼습니다. 옛사람〔문왕〕은
백성과 더불어 함께 즐겼기 때문에 〔이런 것들을〕 즐길 수
있었습니다. 〔그런데〕 〈탕서湯誓〉《〔《서경》의 편명〕에 '저 해[11]
가 언제 사라질까? / 내 너와 더불어 함께 망하겠다'라는 말
이 있으니, 백성들이 죽기를 각오하고 함께 그를 죽이고자
한다면 누대나 연못, 날짐승과 들짐승이 있은들 어찌 홀로
즐길 수 있겠습니까?"

3.

양혜왕이 말했다.

"과인은 나라에 마음을 다 쏟고 있소. 하내河內 지역에 흉년이 들면 그곳 백성을 하동河東으로 이주시키거나 하내에 곡식을 보냈소. 또 하동 지역에 흉년이 들어도 똑같이 했소. 이웃 나라의 정치를 살펴보니 과인처럼 마음을 쓰는 자가 없소. 그런데도 이웃 나라의 백성이 더 줄지 않고 과인의 백성이 더 늘지 않는 것은 무슨 까닭이오?"

맹자가 대답했다.

"왕께서 전투를 좋아하시니 전투에 비유해도 되겠습니까? 둥둥 북을 치면서 이미 전투가 시작되었는데 갑옷을 벗어버리고 병기를 끌면서 달아나는 사람들이 있었습니다. 어떤 사람은 백 보를 달아난 다음에 멈추었고, 어떤 사람은 오십 보를 달아난 다음에 멈추었습니다. 그런데 오십 보 달아난 사람이 백 보를 달아난 사람을 비웃는다면 어떻게 되겠습니까?"

"옳지 않소. 백 보가 아닐지언정 그 또한 달아난 것이지요."

"왕께서 이를 아신다면 백성들이 이웃 나라보다 늘어나기를 바라지 마소서.

〔백성들로 하여금〕 농사철을 어기지 않게 하면 곡식을 이루 다 먹을 수 없습니다. 촘촘한 그물을 웅덩이와 연못에 넣지 않게 하면 물고기와 자라를 이루 다 먹을 수 없습니다. 도끼와 자귀〔손도끼〕를 가지고 제철에만 산림에 들어가게 하면 재목을 이루 다 쓸 수 없습니다. 곡식, 물고기, 자라를 이루 다 먹을 수 없고 재목을 이루 다 쓸 수 없어야 백성들로 하여금 살아 있는 사람을 봉양하고 죽은 사람을 장사 지내는 데 후회가 없도록 할 수 있습니다. 살아 있는 사람을 봉양하고 죽은 사람을 장사 지내는 데 후회가 없도록 하는 것이 왕도王道의 시작입니다.

다섯 묘畝[12]의 택지에 뽕나무를 심으면 쉰 살의 노인이 비단옷을 입을 수 있습니다. 개, 닭, 큰 돼지 등을 기를 적에 새끼 칠 때를 빼앗지 않으면 일흔 살의 노인이 고기를 먹을 수 있습니다. 백 묘의 경작지에서 농사철을 빼앗지 않으면 여러 가구가 굶주리지 않을 수 있습니다. 상서庠序〔학교〕의 가르침을 효도와 우애〔孝悌〕의 의리로 정성스럽게 거듭 행하면 머리가 희끗희끗한 노인이 길에서 짐을 이고 지고 하지 않을 것입니다. 일흔 살의 노인이 비단옷을 입고 고기를 먹고, 젊은이들이 굶주리지 않고 춥지 않은데도 왕도를 행하지 못할 자는 없습니다.

그런데 개, 돼지가 사람이 먹을 양식을 먹어도 단속할 줄 모르고, 길에 굶어 죽은 시체가 있어도 창고를 열 줄 모르며,

사람이 굶어 죽을 때 '내 탓이 아니라 흉년〔年事〕 탓이다'라고 하신다면, 사람을 찔러 죽이고서 '내가 그런 것이 아니라 병기가 그랬다'고 말하는 것과 무엇이 다르겠습니까? 왕께서 죄를 흉년 탓으로 돌리지 않는다면 천하의 백성들이 〔위魏나라로〕 올 것입니다."

4.

양 혜왕이 말했다.
"과인이 가르침을 편안하게 받들고자 합니다."[13]
맹자가 대답했다.
"몽둥이로 사람을 죽이는 것과 칼로 사람을 죽이는 것에 차이가 있습니까?"
"없습니다."
"칼로 사람을 죽이는 것과 정치로 사람을 죽이는 것에 차이가 있습니까?"
"없습니다."
"〔임금의〕 푸줏간에는 살진 고기가 있고 마구간에는 살진 말이 있는데도 백성들에게 굶주린 기색이 있고 들판에 굶어 죽은 시체가 있다면 이는 짐승을 몰아서 사람을 잡아먹게 하는 것입니다. 사람들은 짐승끼리 서로 잡아먹는 것도 싫어하는데, 백성의 부모가 되어 정치를 하면서 짐승을 몰아 사람을 잡아먹도록 하는 상황에서 벗어나도록 하지 못한다면 백성의 부모 된 까닭이 어디 있겠습니까?

중니仲尼[14]가 '용俑(제례에 쓰는 나무 인형)을 처음 만든 자는 후손이 없을진저!'[15]라고 했습니다. (그가) 사람을 본떠서 장례에 사용했기 때문입니다. (하물며) 어찌 백성들을 굶어 죽게 만든단 말입니까?"

5.

양 혜왕이 말했다.

"(우리) 진晉나라[16]가 천하에 막강한 것은 어르신께서도 아시는 바입니다. 그러나 과인의 재위 기간에 동쪽으로는 제齊나라에 패전하여 장자長子가 전사했고, 서쪽으로는 진秦나라에 7백 리에 달하는 땅을 잃었고, 남쪽으로는 초楚나라에 치욕을 당했습니다. 과인은 이것을 부끄러워하고 전사한 자를 위하여 한번 설욕하고자 합니다. 어찌하면 좋겠습니까?"

맹자가 대답했다.

"영토가 사방 백 리만 되어도 왕도를 펼칠 수 있습니다. 만일 왕께서 인정仁政을 베푸셔서 형벌을 가볍게 하고 세금을 적게 거둔다면 백성들은 깊이 밭 갈고 김매는 한편 장정들이 여가에 효孝·제悌·충忠·신信을 닦아서, 들어가서는 부모형제를 섬기고 나가서는 어른과 상관을 섬길 것입니다. 그런 다음 이들로 하여금 몽둥이를 만들어 진나라와 초나라의 견고한 병정들과 예리한 병기를 치도록 하면 됩니다. 저들은 백성들의 농사철을 빼앗아, 밭 갈고 김매어 부모를 봉양하는 일을 못하게 만들고 있습니다. 부모는 얼어 죽거나 굶어 죽고, 형제와 처자는 헤어져 흩어지고 있습니다. 저들이 백성들을 흙구덩이에 빠뜨리고 물구덩이에 빠뜨리고 있는 것입니다. 이에 왕께서 가서 바로잡으신다면 누가 왕과 대적하겠습니까? 그러므로 '인자에게는 맞설 사람이 없다'고 한 것입니다. 왕께서는 이 점을 의심하지 마소서."

6.

맹자가 양 양왕襄王〔혜왕의 아들〕을 알현했다. 그리고 나와서 사람들에게 말했다.

"바라보아도 군주 같지 않고, 앞으로 나아가도 두려워할 만한 바를 발견할 수 없었다. 〔그런데 양왕이〕 갑자기 '천하가 어떻게 정해질 것 같습니까?' 하고 물어서 내가 '통일될 것입니다'라고 했다. 〔또 왕이〕 '누가 통일시킬 수 있겠습니까?' 하고 물어서, '사람 죽이기를 즐기지 않는 자가 통일할 수 있습니다'라고 대답했다. '〔그렇게 해서〕누가 그를 따르겠습니까?' 하고 물어서, 〔내가〕'천하에 그를 따르지 않는 이가 없을 것입니다. 왕께서는 저 싹을 아십니까? 7, 8월 사이에 날씨가 가물면 싹이 바짝 말랐다가도 하늘에 구름이 뭉게뭉게 일면서 시원하게 비가 내리면 싹이 쑥쑥 자랍니다. 이와 같은 것을 누가 막겠습니까? 지금 천하의 통치자〔人牧〕가운데 사람 죽이기를 즐기지 않는 자가 없습니다. 만일 사람 죽이기를 즐기지 않는 자가 있다면 천하 백성들이 모두목을 늘여 그를 바라볼 것입니다. 진실로 이와 같이 한다면마치 물이 아래로 흐르듯 백성들도 그를 따를 것입니다. 그시원함을 누가 막을 수 있겠습니까?'라고 했다."

7.

제齊 선왕宣王[17]이 물었다.

"제 환공桓公[18]과 진晉 문공文公[19]의 일을 들을 수 있겠습니까?"

맹자가 대답했다.

"중니의 문도 중에는 제 환공과 진 문공의 일을 말하는 자가 없습니다. 그래서 후세에 전해진 것이 없어 신도 아직 듣지 못했습니다. 그래도 말하라고 하신다면 왕도〔王〕에 관해 말하겠습니다."

"덕이 어떠해야 왕도정치라 할 수 있습니까?"

"보민保民으로 왕도정치를 펴면 능히 막을 자가 없습니다."

"과인 같은 사람도 보민할 수 있습니까?"

"할 수 있습니다."

"무슨 까닭으로 과인이 가능하다고 보십니까?"

"신이 다음과 같은 이야기를 〔제 선왕의 신하〕호흘胡齕에 게 들었습니다.

왕께서 〔집무 보는 대청〕당상에 앉아 계시는데, 〔그 앞으로〕소를 끌고 당하로 지나가는 자가 있었답니다. 그것을 보신 왕께서 '소가 어디로 가는가?' 하고 물으셔서 〔소를 끌고 가던 자가〕 '흔종釁鍾[20]에 쓰려고 데려갑니다'라고 답하니, 왕 께서 '놓아주라. 그놈이 두려워 벌벌 떨며 죄 없이 사지死地로 가는 것을 차마 볼 수가 없구나' 했습니다. 이리하여 〔그 자가〕 '그러면 흔종을 폐지하오리까?' 하니, 〔왕께서〕 '어찌 폐 지할 수 있겠는가? 양으로 대신 바꾸라' 했답니다. 잘 모르겠 습니다만, 이런 일이 있었습니까?"

"있었습니다."

"바로 이런 마음이면 왕도를 행하기에 족합니다. 백성들은 모두 왕께서 재물을 아꼈다고 말하지만, 신은 진실로 왕께서 '차마 〔그렇게〕 하지 못하신 것〔不忍〕'임을 알고 있습니다."

왕이 말했다.

"그렇습니다. 진실로 그렇게 생각하는 백성이 있습니다만, 제나라가 아무리 협소하고 작다 할지라도 내 어찌 소 한 마리를 아끼겠습니까? 벌벌 떨면서 죄 없이 사지로 가는 것을 차마 볼 수 없어서 그랬습니다. 그래서 양으로 바꾸게 한 것이지요."

"왕께서는 백성들이 왕에 대해 '재물을 아꼈다'고 비난하는 것을 이상하게 생각하지 마소서. 큰 소를 작은 양으로 바꾸라고 했으니 백성들이 어찌 이해하겠습니까? 그런데 왕께서 만약 죄 없이 사지로 끌려가는 것이 측은했다면 어찌 소와 양을 구분했습니까?"

왕이 웃으며 말했다.

"이것이 진실로 무슨 마음일까요? 재물이 아까워 소를 양으로 바꾸게 한 것이 아니건만 당연히 백성들은 나더러 재물을 아꼈다고 하겠군요!"

맹자가 말했다.

"상심하실 필요 없습니다. 이것이 바로 인을 행하는 방법입니다. 즉 소는 보았고 양은 미처 보지 못했기 때문입니다. 군자는 날짐승이나 들짐승이 살아 있는 것을 보면 그 죽은 것은 차마 보지 못합니다. 죽으면서 애처롭게 울부짖는 소리를 들으면 차마 그 고기를 먹지 못합니다. 이리하여 군자는 푸줏간을 멀리하는 것입니다."

왕이 기뻐하며 말했다.

"《시경》〔〈소아小雅〉, 교언巧言 편〕에서 '다른 사람이 품은 마음을/내가 헤아린다네'라고 했는데, 바로 부자夫子〔선생님〕를 두고 하는 말이군요! 내가 그렇게 행하고 나서 왜 그랬는지 돌이켜 생각해보아도 도대체 내 마음을 알 수 없었습니다. 부자께서 이렇게 말씀해주시니 가슴이 뭉클합니다. 〔그런데〕 이 마음이 왕도에 부합한다는 것은 무슨 말씀입니까?"

"왕께 아뢰는 자가 '제 힘은 백 균〔1균은 30근〕을 들 수 있지만 깃털 하나는 들 수 없습니다. 제 시력은 가을 터럭²¹의 끝까지 관찰할 수 있지만 수레에 실은 땔감은 볼 수 없습니다'라고 한다면 왕께서는 이것을 인정하시겠습니까?"

"인정할 수 없습니다."

"그렇다면 은혜가 금수에게까지 미치면서도 백성에게만은 유독 그 공효가 미치지 못한다면 어째서입니까? 깃털 하나를 들지 못하는 것은 힘을 쓰지 않기 때문이고, 수레에 실린 땔감을 보지 못하는 것은 보려 하지 않기 때문이고, 백성들이 보호받지 못하는 것은 〔군주께서〕 은혜를 베풀지 않기 때문입니다. 그러므로 왕께서 왕도를 행하지 못하는 것은 하시지 않는 것이지 못하는 것이 아닙니다."

"하지 않는 것과 못하는 것의 정황은 어떻게 다릅니까?"

"태산泰山을 옆에 끼고 북해北海를 뛰어넘는 것을 사람들에게 '못한다'고 말한다면 이것은 실제로 못하는 것이지만, 어른을 위해서 나뭇가지를 꺾는 것²²을 '못한다'고 말한다면 이것은 하지 않는 것이지 못하는 것이 아닙니다. 그러므로 왕께서 왕도를 행하지 않는 것은 태산을 끼고 북해를 건너는 종류의 것이 아닙니다. 왕께서 왕도를 행하지 않는 것은 바로 나뭇가지를 꺾는 것과 같은 종류입니다. 내 노인을 노인답게 섬겨서 남의 노인도 그렇게 대하고, 내 어린이를 어린이답게 사랑해서 남의 어린이도 그렇게 대한다면 천하를 손바닥에 놓고 움직일 수 있습니다. 《시경》(〈대아〉, 사제思齊편)에서 '나의 처에게 모범이 되고/형제에게 〔모범이〕 이르러/집안과 나라를 다스린다'라고 했는데, 처에게 모범이 되는 마음이 나라를 다스리는 데까지 나아간다는 것을 말한 것입니다. 그러므로 은혜를 확대해가면 사해四海를 보호하기에 족하지만, 은혜를 확대해가지 못하면 처자도 보호할 수 없습니다. 옛사람이 일반인보다 크게 훌륭한 점은 바로 단지 은혜를 잘 확대해갔다는 데 있습니다. 지금 족히 금수에게까지 은혜가 미치면서 유독 백성들에게는 그 공덕이 미치지 않는 것은 어째서입니까?

저울질을 해봐야 가볍고 무거움을 알 수 있고, 재어보아야 길고 짧음을 알 수 있습니다. 온갖 모든 것이 그렇지만 그중에서도 마음이 더욱 그렇습니다. 왕께서는 이 점을 헤아리소서.

그리하지 않고 군대를 일으켜 군사와 신하들을 위태롭게 만들고, 제후들과 원한을 맺어야 왕께서는 마음이 시원하시겠습니까?"

왕이 말했다.

"아닙니다. 내 어찌 그것을 시원하게 여기겠습니까? 크게
목적하는 바를 추구하기 때문입니다."

"왕께서 크게 목적하는 바를 들을 수 있겠습니까?"

왕이 웃으면서 말하지 않았다.

"살지고 맛있는 음식이 입에 차지 않습니까? 가볍고 따뜻
한 옷이 몸에 차지 않습니까? 아니면 아름다운 여색이 눈에
차지 않습니까? 아름다운 음악이 귀에 차지 않습니까? 총애
하는 사람들이 앞에서 부리기에 부족합니까? 왕의 여러 신
하들이 이 모든 것을 충분히 공급할 터인데 왕께서 어찌 이
런 것들 때문이라고 하겠습니까?"

"아닙니다. 그런 것들 때문이 아닙니다."

"그렇다면 왕께서 크게 목적하는 바를 알 수 있겠습니다.
영토를 넓히고, 진秦나라와 초나라에게서 조회를 받아[23] 중
국中國(천자의 나라)에 임하여 사방의 오랑캐들을 다스리고
자 하기 때문이지요.

하지만 이와 같은 방법(군대를 일으키는 행동)으로 크게
목적하는 바(천자가 되고자 하는 것)를 추구하신다면 나무
에 올라가 물고기를 찾는 것과 같습니다(緣木求魚)."

왕이 말했다.

"(나의 행동이) 그토록 심한 것입니까?"

"그것보다 더 심하지요. 나무에 올라가 물고기를 찾는 일은 물고기는 얻지 못하더라도 나중에 재앙은 없지요. 그러나 이와 같은 방법으로 크게 목적하는 바를 추구한다면 전심전력을 다 쏟더라도 반드시 재앙이 뒤따를 것입니다."

"그 까닭을 들을 수 있겠습니까?"

"추鄒나라〔맹자의 고국〕 사람들이 초나라 사람들과 싸운다면 왕께서는 누가 이기리라고 생각하십니까?"

"초나라 사람들이 이기겠지요."

"그렇다면 소국은 진실로 대국을 대적할 수 없고, 소수는 진실로 다수를 대적할 수 없으며, 약자는 진실로 강자를 대적할 수 없다는 것이군요.

지금 온 천하〔海內〕 땅 가운데 천 리나 되는 강국이 아홉 나라인데, 제나라도 그중 하나입니다. 그런데 한 나라가 여덟 나라를 복종시키려 한다면 추나라가 초나라를 대적하는 것과 무엇이 다르겠습니까? 또한 근본으로 돌아갈 뿐입니다.

이제 왕께서 정치를 펴고 인을 베풀어 천하의 벼슬하는 자들이 모두 왕의 조정에서 벼슬하고 싶어 하게 만들고, 경작하는 자들이 모두 왕의 들판에서 경작하고 싶어 하게 만들며, 장사꾼들이 모두 왕의 시장에 물건을 저장하고 싶어 하게 만들고, 여행하는 자들이 모두 왕의 길로 다니고 싶어 하게 만든다면 온 천하에서 자기 군주를 미워하는 사람들이 모두 왕께 달려와 하소연하려 할 것입니다. 이와 같다면 누가 이를 막을 수 있겠습니까?"

왕이 말했다.

"나는 어두워서 그 경지까지 나아갈 수 없습니다. 원컨대 부자께서 나의 뜻을 도와 나를 밝게 가르쳐주소서. 내 비록 불민不敏하지만 한번 해보겠습니다."

"안정된 생업〔恒産〕이 없으면서도 안정된 마음〔恒心〕을 품는 것은 오직 선비에게만 가능한 일이고, 백성으로 말하자면 안정된 생업이 없으면 안정된 마음도 없는 법입니다. 그런데 안정된 마음이 없으면 방탕하고〔放〕 편벽되고〔辟〕 사악하고〔邪〕 사치한〔侈〕 짓을 하지 않을 수 없습니다. 그리하여 이들이 마침내 죄를 저지르게 한 다음 좇아서 처벌한다면 이것은 백성을 그물로 긁어서 투옥시키는 짓〔罔(=網)民〕입니다. 어찌 어진 사람이 군주 자리에 있으면서 백성을 그물질할 수 있겠습니까?

이런 까닭으로, 밝은 군주는 백성의 생업을 제정해주되, 반드시 위로는 부모를 섬기기에 족하게 하고 아래로는 처자를 건사하기에 족하게 하여, 풍년에는 1년 내내 배부르고 흉년에는 사망을 면하도록 했던 것입니다. 그런 다음 백성들을 선하게 만들었으니, 그런 까닭에 백성들이 따르기 쉬웠던 것입니다. 그러나 지금은 백성의 생업을 제정해주되, 위로는 부모를 섬기기에 부족하고, 아래로는 처자를 건사하기에 부족하여, 풍년에도 1년 내내 고생만 하고 흉년에는 사망을 면

하지 못합니다. 그래서 겨우 목숨을 부지하는 것도 부족하여 걱정하니 어느 겨를에 예의를 차리겠습니까?

왕께서 이[왕도정치]를 행하고자 하신다면 어찌 그 근본으로 돌아가지 않으시겠습니까? 다섯 묘의 택지에 뽕나무를 심으면 쉰 살의 노인이 비단옷을 입을 수 있습니다. 닭, 작은 돼지, 개, 큰 돼지를 기를 적에 새끼 칠 때를 잃지 않게 하면 일흔 살의 노인이 고기를 먹을 수 있습니다. 백 묘의 경작지에 농사철을 빼앗지 않으면 여덟 가구가 굶주리지 않을 수 있습니다. [그리고 나서] 상서의 가르침을 효도와 우애의 의리로 정성스럽게 거듭 행한다면 머리 희끗희끗한 노인이 길에서 짐을 이고 지고 하지 않아도 될 것입니다. 늙은이가 비단옷을 입고 고기를 먹으며, 젊은이가 굶주리지 않고 춥지 않을 수 있는 정치, 이렇게 하고서도 왕도를 펴지 못하는 자는 아직 없었습니다.”

제 2 장

양혜왕 하

1.

〔제 선왕의 신하〕장포莊暴가 맹자를 뵙고 말했다.

"저 포暴가[24] 왕〔제 선왕〕을 알현했는데, 왕께서 저에게 '음악을 좋아한다'고 말했지만 저는 그에 답하지 못했습니다. 음악을 좋아한다면 어떻습니까?"

맹자가 대답했다.

"왕께서 음악을 진정 좋아하신다면 제나라는 잘 다스려질 것이오."

다른 날 맹자가 왕을 알현하며 말했다.

"요전 날 장 선생〔장포〕에게 '음악을 좋아한다'고 말했다던데, 그런 일이 있습니까?"

왕이 얼굴빛을 바꾸면서 말했다.

"과인은 선왕先王의 음악을 좋아하는 것이 아니라 그저 세속의 음악을 좋아할 뿐입니다."

"왕께서 음악을 진정 좋아하신다면 제나라는 잘 다스려질 것입니다. 지금 음악은 옛날 음악과 같습니다."

"그 까닭을 들을 수 있겠습니까?"

"홀로 음악을 즐기는 것과 남과 더불어 음악을 즐기는 것 중 어느 쪽이 더 즐겁습니까?"

"남과 더불어 즐기는 것이 더 즐겁습니다."

"소수의 사람과 음악을 즐기는 것과 다수의 사람과 음악을 즐기는 것 중 어느 쪽이 더 즐겁습니까?"

"다수의 사람과 더불어 즐기는 것이 더 즐겁습니다."

"신이 청컨대, 왕을 위하여 즐거움[樂]25에 대해 말씀드리겠습니다.

지금 왕께서 이곳에서 음악을 연주하는데, 백성들이 왕의 종소리, 북소리, 피리 소리, 젓대 소리를 듣고는 모두 머리 아파하고 이마를 찌푸리면서 '우리 왕은 어찌 음악 연주를 좋아하여 우리를 이런 곤궁에 빠뜨리고, 아버지와 아들이 서로 만나지 못하게 하고 형제와 처자가 헤어져 흩어지게 만드는가?'라고 서로 말한다고 생각해보십시오. 지금 왕께서 이곳에서 사냥을 하는데 백성들이 왕의 수레 소리, 말굽 소리를 듣고 깃대와 깃발의 아름다움을 보고는 모두 머리 아파하고 이마를 찌푸리면서 '우리 왕은 어찌 사냥을 좋아해서 우리를 이런 곤궁에 빠뜨리고, 아버지와 아들이 서로 만나지 못하게 하고 형제와 처자가 서로 헤어져 흩어지게 만드는가?'라고

서로 말한다고 생각해보십시오. 이는 바로 왕께서 백성과 더
불어 함께 즐기지 않기 때문입니다.

지금 왕께서 이곳에서 음악을 연주하는데, 백성들이 왕의
종소리, 북소리, 피리 소리, 젓대 소리를 듣고 모두 환하게 기
뻐하는 낯빛으로 '우리 왕께서 다행히 질병이 없으신가 보
다. 음악을 연주하는 걸 보니'라고 서로 말한다고 생각해보
십시오. 지금 왕께서 이곳에서 사냥을 하는데, 백성들이 왕
의 수레 소리, 말굽 소리를 듣고 깃대와 깃발의 아름다움을
보고는 모두 환하게 기뻐하는 낯빛으로 '우리 왕께서 다행히
질병이 없으신가 보다. 사냥하는 걸 보니'라고 서로 말한다
고 생각해보십시오. 이것은 바로 왕께서 백성과 더불어 함께
즐기기 때문입니다.

지금 왕께서 백성과 함께 즐긴다면〔與民同樂〕 왕도정치를
하실 수 있습니다."

2.

제 선왕이 물었다.
"문왕의 동산이 사방 70리라 하는데, 그렇습니까?"
맹자가 대답했다.
"전하는 책에 그렇게 씌어 있습니다."

"그렇게나 큽니까?"

"백성들은 오히려 작다고 여겼습니다."

"과인의 동산이 사방 40리인데도 백성들이 오히려 크다고 여기는 것은 어째서입니까?"

"문왕의 동산은 사방 70리였지만 꼴 베고 나무하는 사람들이 그곳을 드나들고, 꿩 잡고 토끼 잡는 사람들이 그곳에서 사냥을 하는 등 백성이 더불어 함께 누렸으니 그들이 작다고 여기는 것이 당연하지 않습니까?

신은 처음 국경에 이르렀을 때 제나라에서 강하게 금지하는 것을 물은 뒤에야 감히 들어왔습니다. 신은 그때 '교외 관문 안에 있는 동산이 사방 40리인데, 동산에 있는 사슴을 죽이면 살인죄와 같이 다스려진다'는 말을 들었습니다. 이것은 사방 40리 크기의 함정을 나라 가운데 만든 것이니, 백성들이 크다고 여기는 것이 당연하지 않겠습니까?"

3.

제 선왕이 물었다.

"이웃 나라와 사귀는 데에도〔交隣國〕 도가 있습니까?"

맹자가 대답했다.

"있습니다. 오직 인자만이 대국이지만 소국을 섬길 수 있습니다. 이런 까닭으로 탕湯 임금이 갈葛나라를 섬기고,26 문왕文王이 곤이昆夷를 섬겼던 것입니다.27 오직 지자智者만이 소국으로써 대국을 섬길 수 있습니다. 그러므로 태왕(大王)이 훈육獯鬻을 섬기고,28 구천句踐이 오吳나라를 섬긴 것29입니다.

대국이지만 소국을 섬기는 자는 천리天理를 즐기는 자요, 소국으로써 대국을 섬기는 자는 천리를 두려워하는 자입니다. 천리를 즐기는 자는 천하를 보전하고, 천리를 두려워하는 자는 자기 나라를 보전합니다. 그래서 《시경》(〈주송周頌〉, 아장我將 편)에서 '하늘의 위엄을 두려워하여/이에 나라를 보전하도다'라고 했던 것입니다."

왕이 말했다.

"훌륭합니다, 말씀이! 〔그런데〕 과인에게는 병폐가 있습니다. 과인은 용맹(勇)을 좋아합니다."

"왕께서는 작은 용맹을 좋아하지 마소서. 칼을 어루만지고 상대방을 노려보면서 '네가 어찌 감히 나를 당하겠는가?'라고 말하는 것은 필부의 용맹으로 한 사람을 대적하는 것입니다. 왕께서는 용맹을 크게 가지소서. 《시경》(〈대아〉, 황의皇矣 편)에서 '왕〔문왕〕께서 불끈 노하셔서/이에 군대를 정비하여/거莒의 군대를 막으시니/주나라의 복을 두텁게 하시고/천하 사람들에게 보답했네'라고 했으니, 이것은 문왕의 용맹입니다. 문왕께서는 한 번 노하시는 것으로 천하의 백성들을 편안하게 했습니다. 《서경》〔태서泰誓 편〕에서 '하늘이 백성을 내려주심에 임금〔君〕을 만들고 군대〔師〕30를 만들었으니 상제上帝를 도와 온 사방을 총애하라. 죄를 주고 죄를 주지 않는 것은 나에게 달렸으니 천하에 누군들 어찌 감히 하늘의 뜻을 어기겠는가?'라고 하여, 한 사람31이 천하에 횡행하는 것을 무왕께서 부끄러워했으니 이것이 무왕의 용맹입니다. 무왕 역시 한 번 노하시는 것으로 천하의 백성을 편안히 했던 것입니다.

지금 왕께서도 마찬가지로 한 번 노하시어 천하의 백성을 편안하게 하신다면 백성들은 왕께서 행여 용맹을 좋아하지 않을까 봐 걱정할 것입니다."

4.

제 선왕이 맹자를 설궁雪宮에서 만났다.32 왕이 말했다.
"현자도 이런 것을 즐기십니까?"
맹자가 대답했다.
"사람은 누구나 이러한 즐거움을 누리지 못하게 되면 윗사람을 비난합니다. 즐거움을 누리지 못한다고 윗사람을 비난하는 것도 잘못이요, 백성의 윗사람이 되어 백성과 더불어 함께 즐기지 않는 것도 잘못입니다. 〔군주께서〕 백성의 즐거움을 즐기면 백성 또한 군주의 즐거움을 즐기고, 〔군주께서〕 백성의 근심을 근심하면 백성 또한 군주의 근심을 근심합니다. 즐거움을 천하와 함께 나누고 근심을 천하와 함께 나누는 것, 이렇게 하고도 왕도정치를 행하지 못하는 자는 없습니다.

옛날에 제나라 경공景公33이 안자晏子34에게 '전부산轉附山과 조무산朝儛山〔산동 지역의 산명〕을 관광하고 바다를 따라 남쪽으로 가서 낭야琅邪〔산동 지역의 읍명〕에 이르고자 합니다. 내가 어떻게 해야 선왕의 관광에 비견될 수 있겠습니까?'라고 물었습니다. 이에 안자가 다음과 같이 대답했습니다. '좋습니다, 질문이! 천자가 제후국에 가는 것을 순수巡狩라 하니, 순수란 지키는 경내를 순행한다는 뜻이지요. 제후가 천자국에 조회 가는 것을 술직述職이라 하니, 술직이란 자기가 맡은 직무를 보고한다는 뜻이지요. 〔순수든 술직이든〕 공무가 아닌 것이 없습니다. 봄에는 나가서 경작 현황을 살펴 부족한 것을 도와줍니다. 하夏나라 속설에 '우리 임금이 유람하지 않으면 우리가 어떻게 쉬며, 우리 임금이 즐기지 않으면 우리가 어떻게 도움을 받으리오. 한 번 유람하고 한 번 즐김이 제후들의 법도가 되기 때문이다'라는 말이 있는데 이것이 바로 그 뜻입니다. 지금은 그렇지 못합니다. 군대를 데리고 다니면서 양식을 얻어먹어 굶주린 자가 먹지 못하고, 수고한 자가 쉬지 못해 서로 흘겨보고 비방하면서 마침내 백성들은 자기들끼리 원망합니다. 그럼에도 불구하고 〔군사들은〕 왕명을 거역하고서 백성을 학대하고 음식을 물처럼 마구 소비함으로써 유연황망流連荒亡하여 제후들의 걱정거리가 되고 있습니다. 〔뱃놀이에서〕 물길을 따라 아래로 내려갔다가 돌아오는 것을 잊어버리는 것이 유流이고, 물길을 거슬러 위로 올라갔다가 돌아오는 것을 잊어버리는 것이 연連입니다. 짐승을 쫓아 만족할 줄 모르는 것이 황荒이고, 술을 즐겨 만족할 줄 모르는 것이 망亡입니다. 선왕은 유연의 즐거움과 황망한 행차가 없으셨으니, 오직 군주께서 행하실 바입니다'라고 했습니다.

경공이 기뻐하면서 온 나라에 엄중한 경계령을 내리고 순방길에 올랐습니다. 이에 그는 비로소 창고를 열어 부족한 백성들을 보조해주고, 태사太師를 불러 '나를 위하여 임금과 신하가 함께 즐길 수 있는 음악을 지으라' 했으니, 지금의 치소徵招와 각소角招가 그것입니다. 그 시에서 '군주의 욕심을 그치게 하는 것이 무슨 잘못이랴?'라고 했으니, 군주의 욕심을 멈추게 하는 것이 곧 군주를 사랑하는 것입니다."

5.

제 선왕이 물었다.

"사람들이 모두 나더러 명당明堂35을 부수라 하는데 부수어야 합니까, 부수지 말아야 합니까?"

맹자가 대답했다.

"명당이란 왕도를 행하는 자의 당입니다. 왕께서 왕도정치〔王政〕를 행하고자 하신다면 부수지 마소서."

왕이 말했다.

"왕도정치에 관해 들을 수 있겠습니까?"

맹자가 대답했다.

"옛날 문왕이 기주岐周를 다스릴 적에 경작인들에게 9분의 1의 세를 거두었고, 관직자들에게는 대대로 녹봉을 주었으며, 관문關門과 시장에서는 기찰譏察〔검사〕만 하고 세를 징수하지 않았고, 어업〔澤梁〕을 금하지 않았으며, 죄인을 처벌할 적에는 처자에게까지 죄를 묻지 않게 했습니다.

늙어서 아내가 없는 것을 환鰥〔홀아비〕이라 하고, 늙어서 남편이 없는 것을 과寡〔과부〕라 하고, 늙어서 자식이 없는 것을 독獨〔무의탁자〕이라 하고, 어려서 부모가 없는 것을 고孤〔고아〕라 하는데, 이 네 부류의 사람들이 천하에서 가장 곤궁한 백성들로서 하소연할 곳이 없는 자들입니다. 문왕은 정사를 펴고 인을 베풀되 반드시 이 네 부류의 사람들을 먼저 챙기셨습니다. 《시경》〔〈소아〉, 정월正月 편〕에서 '그래도 괜찮구나, 부자들은/가엾구나, 이들 외롭고 고독한 자들이'라고 했습니다."

왕이 말했다.

"좋습니다, 말씀이!"

"왕께서 이를 좋다고 여기신다면 어찌하여 행하지 않으십니까?"

"과인에게는 병폐가 있습니다. 과인은 재물을 좋아합니다."

"옛날에 공유公劉[36]도 재물을 좋아했습니다. 《시경》(〈대아〉, 공유公劉 편)에서 '길에도 쌓아놓고 창고에도 쌓아놓고/마른 양식을 꾸리니 전대에도 담고 자루에도 담았네./백성을 편안하게 하고 국가를 빛내고자/활과 화살을 펼치고 창, 방패, 도끼까지 들고서/이에 비로소 길을 떠나는구나'라고 했습니다. 집에 남는 자들에게는 길과 창고에 쌓인 곡식이, 길 떠나는 자들에게는 [전대나 자루에] 담긴 양식이 확보된 다음에야 비로소 길을 떠날 수 있는 것입니다. 왕께서 재물을 좋아하기를 백성과 더불어 함께 하신다면 왕도를 행함에 무슨 어려움이 있겠습니까?"

왕이 말했다.

"과인에게는 병폐가 있습니다. 과인은 여색을 좋아합니다."

맹자가 대답했다.

"옛날에 태왕이 여색을 좋아하여 아내를 사랑했습니다. 《시경》(〈대아〉, 면緜 편)에서 '고공단보[태왕]가 [피난하기 위해) 아침에 말을 달려서/서쪽 물가를 따라 기산岐山 아래에 이르렀으니/이에 강씨 딸〔姜女. 아내 강비〕과 함께 와 집터를 보았도다'라고 했습니다. 당시 안으로는 원망하는 여자가 없고 밖으로는 홀로 된 사내가 없었습니다.[37] 왕께서 여색을 좋아하시기를 백성과 더불어 함께 하신다면 왕도를 행하심에 무슨 어려움이 있겠습니까?"

6.

맹자가 제 선왕에게 말했다.

"왕의 신하 가운데 처자를 친구에게 맡기고 초나라에 가서 유람하던 자가 있었는데 돌아와보니 친구가 자기 처자를 얼리고 굶주리게 했다면 어떻게 하시겠습니까?"

왕이 말했다.

"〔그를〕 버리겠습니다."

"사사土師〔법관〕가 하급 사土[38]들을 다스리지 못하면 어떻게 하시겠습니까?"

왕이 말했다.

"그만두게 하겠습니다."

"사방 국경 안이 다스려지지 않으면 어찌하시겠습니까?"

이에 왕이 좌우를 돌아보며 딴청을 피웠다.

7.

맹자가 제 선왕을 알현하고 말했다.

"이른바 오래된 나라〔故國〕는 오래된 큰 나무〔喬木〕가 있음을 말하는 것이 아니라 세신世臣[39]이 있음을 말하는 것입니다. 그런데 왕께는 친히 신뢰할 만한 신하조차 없습니다. 또 지난날 등용한 사람일지라도 오늘은 제거해야 할 사람임을 모르고 계십니다."

왕이 말했다.

"그들의 재질이 부족한 것을 내가 어찌 알아 그들을 버린단 말입니까?"

맹자가 말했다.

"나라의 군주는 현자를 등용하되 마지못해 하는 것처럼 해야 합니다. 그것은 지위가 낮은 자로 하여금 높은 이를 넘게 하는 것이고, 관계가 먼 자로 하여금 가까운 육친을 넘게 하는 것입니다. 어찌 신중히 하지 않을 수 있겠습니까?

좌우 측근의 신하들이 모두 〔특정인을〕 '어질다'고 말하더라도 등용하지 말고, 여러 대부들이 모두 '어질다'고 말하더라도 등용하지 말며, 나라 사람들〔國人〕이 모두 '어질다'고 말한 뒤에 살펴보아서 어짊을 발견하게 되면 그때에야 등용해야 합니다. 좌우 측근의 신하들이 모두 〔특정인을〕 '옳지 않다'고 말하더라도 듣지 말고, 여러 대부들이 모두 '옳지 않다'고 말하더라도 듣지 말며, 나라 사람들이 모두 '옳지 않다'고 말한 뒤에 살펴보아서 '옳지 않음'을 발견하게 되면 그때에야 버려야 합니다. 좌우 측근의 신하들이 모두 [특정인을] '죽여야 한다'고 말하더라도 듣지 말고, 여러 대부들이 모두 '죽여야 한다'고 말하더라도 듣지 말며, 나라 사람들이 모두 '죽여야 한다'고 말한 뒤에 살펴보아서 '죽여야 하는 이유'를 발견하게 되면 그때에야 죽여야 합니다. 그래야 '나라 사람들이 죽였다'고 말하는 법입니다. 이와 같이 한 뒤에야 '백성의 부모[爲民父母]'라 할 수 있습니다."

8.

제 선왕이 물었다.

"탕 임금이 걸을 유배 조치하고, 무왕이 주紂를 벌했다는데, 그렇습니까?"

맹자가 대답했다.

"전하는 책에 나와 있습니다."

"신하가 자기 군주를 시해해도 됩니까?"

"인을 해치는 자를 '도적[賊]'이라 이르고, 의義를 해치는 자를 '잔악[殘]하다'고 합니다. 잔악하고 도적 같은 사람을 '일개 필부'라 하는데, '일개 필부 주의 목을 베었다'는 말은 들었어도 '군주를 시해했다'는 말은 듣지 못했습니다."

9.

맹자가 제 선왕을 보고 말했다.

"큰 집을 지으려고 하면 왕께서는 필시 공사장 책임자로 하여금 큰 나무를 구하도록 할 것이고, 책임자가 큰 나무를 얻으면 기뻐하며 '그가 임무를 감당할 수 있겠다'고 여기실 것입니다. 그런데 장인들이 그것을 깎아서 작게 만들면 왕께서 노하여 '그들이 임무를 감당할 수 없다'고 여기실 것입니다. 사람이 어려서부터 배우는 것은 장성해 그것을 실천하기 위해서입니다. 그런데 왕께서는 '우선 네가 배운 것을 버리고 나를 따르라' 하시니 어째서입니까?

지금 여기에 깎지 않은 구슬과 깎은 구슬[璞玉]이 있다면 [왕께서는] 비록 [그것이] 만 일鎰[40]의 무게일지라도 반드시 옥공玉工에게 조탁을 맡기실 것입니다. 그런데 국가를 다스릴 적에는 '일단 네가 배운 것을 버리고 나를 따르라' 하시니 어찌 옥공에게 옥의 조탁을 맡기는 것과 다르게 처신하십니까?"

10.

제나라 사람들이 연나라[41]를 공격해서 이겼다.

선왕이 물었다.

"어떤 이는 과인더러 연나라를 취하지 말라 하고, 어떤 이는 과인더러 취하라 합니다. 만승의 나라〔제나라〕를 가지고 만승의 나라〔연나라〕[42]를 정벌할 적에 50일 만에 완전히 함락시켰습니다. 인력으로는 여기에 이르지 못하는 것입니다. 〔연나라를〕 취하지 않는다면 반드시 하늘의 재앙이 있을 것 같은데 취하는 것이 어떨는지요?"

맹자가 대답했다.

"연나라를 취하는데 그 백성들이 기뻐하면 취하소서. 옛사람 가운데 이를 행하신 분이 있으니 바로 무왕이십니다. 연나라를 취하는데 그 백성들이 기뻐하지 않으면 취하지 마소서. 옛사람 가운데 이를 행하신 분이 있으니 바로 문왕이십니다. 만승의 나라를 가지고 만승의 나라를 정벌하는데 바구니에 밥을 담고 병에 간장을 담아서 왕의 군대를 환영한다면 어찌 다른 이유 때문이겠습니까? 물불의 재앙을 피하기 위해서입니다. 그런데 만일 〔왕의 정벌로〕 물이 더 깊어지고 불이 더 뜨거워진다면 〔연나라 백성들〕 또한 태도를 바꿀 것입니다."

11.

제나라 사람이 연나라를 정벌하여 취하자 제후들이 연나라를 구하려 했다. 그러자 선왕이 말했다.

"제후들 가운데 과인을 치고자 도모하는 자가 많은데 이 일에 어떻게 대처해야 합니까?"

맹자가 대답했다.

"신이 들으니 70리를 가지고 천하에 왕정을 펼친 자가 바로 탕입니다. 천 리를 가지고 남을 두려워했다는 것은 듣지 못했습니다. 《서경》(〈상서商書〉, 중훼지고仲虺之誥 편)에서 '탕이 첫 정벌을 갈葛에서 시작하자 천하 사람들이 그를 신뢰했다. 동쪽을 향하여 정벌하면 서쪽 오랑캐가 원망하고, 남쪽을 향하여 정벌하면 북쪽 오랑캐가 원망하면서 어찌 우리를 나중에 정벌하는가 하니, 그 백성들이 탕의 정벌을 마치 큰 가뭄에 구름과 무지개를 바라보듯이 했다. 그래서 〔탕의 군대가 들어와도〕 장사하러 가는 자가 〔길을〕 멈추지 않았고, 밭 가는 자가 꿈쩍하지 않았다. 〔탕이〕 포악한 군주를 꾸짖어 벌하고 백성들을 단비 내리듯 위문하니 백성들이 크게 기뻐했다'라고 했습니다. 《서경》(〈상서〉, 중훼지고 편)에서는 또한 '우리 임금을 기다리노니, 임금이 오시면 소생하게 되겠지!'라고도 했습니다.

지금 연나라가 백성들을 학대했기 때문에, 왕께서 가서 정벌하실 적에 연나라 백성들은 자기들을 물불의 재앙에서 구원해주리라 여겼습니다. 그래서 광주리에 밥을 담고 병에 간장을 담아 왕의 군대를 환영했던 것입니다. 그런데 만일 그부모 형제를 죽이고 자제들을 구속하며, 종묘를 부수고 소중한 보물(器物)들을 옮겨간다면 어찌 옳다고 하겠습니까? 천하가 진실로 제나라의 강함을 시기하고 있는데, 지금 또 영토를 배로 확장하고 인정을 행하지 않는다면 이것이야말로 천하의 군대를 동원하게 만드는 까닭이 됩니다. 속히 명령을 내리시어 노약자들을 돌려보내고, [수송해오던] 소중한 보물의 운반을 중지시키고, 연나라 민중과 도모하여 그곳에 군주를 세운 다음 떠나오신다면 [제후들이 전쟁을 일으키기 전에] 중지시킬 수 있을 것입니다."

12.

추鄒나라가 노魯나라와 싸웠는데 [추나라] 목공穆公이 물었다.

"우리 유사有司[담당 관직자] 가운데 죽은 자가 서른세 명이나 되지만 백성들 중에는 죽은 자가 없습니다. 이들의 [죄를 물어] 목을 베자니 다 벨 수 없고, 목을 베지 않자니 상관들의 죽음을 질시하기만 하고 그들을 구원하지 않은 죄를 덮

어버리는 것이 되는데 어찌하면 좋겠습니까?"

맹자가 대답했다.

"흉년과 기근이 든 해에 군주의 백성들 가운데 노약자들이 도랑이나 구렁에 죽어 나뒹굴고, 수천 명의 청장년들이 사방으로 흩어져 떠나는 상황에서 군주의 창고와 곳집에는 곡식이 가득 차 있고 관청 창고(府庫)에는 재화가 넘쳐나는데도 유사들 가운데 이를 아뢴 자는 아무도 없었습니다. 이것은 윗사람들이 태만해서 아랫사람들을 잔악하게 대했기 때문입니다. 증자曾子[43]가 '경계하고 경계하라. 너에게서 나온 것은 너에게 돌아가노니'라고 했습니다. 저 백성들이 지금에야 되갚은 것이니 군주께서는 탓하지 마소서. 군주께서 인정을 행하시면 백성들이 상관을 어버이처럼 여기고 어른을 위해 죽을 것입니다."

13.

등滕 문공文公[44]이 물었다.

"등나라는 소국으로 제나라와 초나라 사이에 끼어 있습니다. 제나라를 섬겨야 합니까, 초나라를 섬겨야 합니까?"

맹자가 대답했다.

"그 계책은 제가 다룰 수 있는 바가 아닙니다. 그래도 기어

이 말하라고 하신다면 한 가지 방법이 있습니다. 못을 깊이 파고 성을 높이 쌓아 백성과 함께 지키십시오. 백성들이 목숨을 바쳐 떠나가지 않는다면 그것은 해볼 만합니다."

14.

등 문공이 물었다.

"제나라 사람이 장차 설薛[45]에 성을 쌓으려 하니 몹시 두렵습니다. 어찌하면 좋습니까?"

맹자가 대답했다.

"옛날 태왕이 빈邠[46]에 머무실 적에 적인狄人[북방의 이민족]들이 침략하자 그곳을 떠나 기산岐山[47] 아래에 가서 머무셨습니다. 그러나 이는 선택, 즉 골라서 취한 것이 아니라 사정이 부득이했기 때문입니다.

진실로 선을 행하면 후세의 자손 가운데 반드시 왕 노릇을 하는 이가 있을 것입니다. 군자가 창업하여 계통을 드리우면 후손들이 계승할 것입니다. 무릇 성공 여부로 말하자면 하늘에 달린 것입니다. 군주께서 제나라를 어찌하시겠습니까? 힘써 선을 행할 따름입니다."

15.

등 문공이 물었다.

"우리나라는 소국인지라 힘을 다하여 대국을 섬기더라도 화를 면할 수 없으니 어찌하면 좋겠습니까?"

맹자가 대답했다.

"옛날 태왕께서 빈에 머무실 적에 적인들이 침략했는데, 그들을 가죽과 패물로 섬겨도 화를 면하지 못했고, 개와 말로 섬겨도 화를 면치 못했으며, 구슬과 옥으로 섬겨도 화를 면치 못했습니다. 그래서 마침내 태왕께서는 기로耆老[원로]들을 모아놓고 말했습니다. '적인들이 원하는 것은 우리의 영토요. 내가 들건대 군자는 사람을 부양하는 토지 때문에 사람을 해치지는 않는다고 했소. 군주가 없다고 여러분이 걱정할 것이 무엇이 있겠소? 내 장차 이곳을 떠날 것이오' 하고는, 빈을 떠나 양산梁山을 넘어 기산 아래 도읍을 정하고 머무셨습니다. 그러자 빈 사람들은 '이분은 어진 사람이다. 놓쳐서는 안 된다'라고 했고, 따르는 자들이 시장처럼 북적거렸습니다. 누군가는 '[이 나라는] 대대로 지켜온 것이라 나 혼자 어찌할 수 있는 것이 아니다. 목숨 바쳐 떠나지 말라'고 하기도 하는데, 군주께서는 이 두 가지 중에서 선택하소서."

16.

노 평공平公⁴⁸이 외출하려고 하는데 총애하는 장창藏倉이 물었다.

"다른 날에는 군주께서 외출하실 때면 반드시 유사에게 갈 곳을 명했습니다. 지금은 가마〔乘輿〕가 이미 말 멍에까지 준비를 마쳤는데도 가시는 곳을 유사가 알지 못합니다. 어디로 가려 하시는지요."

평공이 말했다.

"맹자를 보러 가려 하노라."

"어째서입니까? 군주께서 몸을 낮추어 필부에게 먼저 예를 베푸시는 것은 그가 어질다고 여겨서입니까? 예의는 현자에게서 나오는 법입니다. 그런데 맹자의 경우, 나중에 치른 초상〔어머니 초상〕이 먼저 치른 초상〔아버지 초상〕보다 지나쳤습니다. 그러니 그를 만나지 마소서."

평공이 말했다.

"알았다."

악정자樂正子⁴⁹가 들어가 평공을 알현하고 말했다.

"군주께서 어찌하여 맹가孟軻⁵⁰를 만나지 않으셨습니까?"

"혹자가 과인에게 '맹자의 나중 초상이 앞의 초상보다 지나쳤다'고 말하길래 가서 만나지 않았노라."

"무슨 말씀입니까? 군주께서 '지나쳤다' 하시는 것은 앞의 초상은 사士의 예로서 하고 나중 초상은 대부의 예로서 한 것을 말씀하시는 겁니까? 앞의 초상에는 삼정三鼎[51]을 쓰고 뒤 초상에는 오정五鼎[52]을 쓴 것을 말씀하시는 겁니까?"

"아니다. 관곽棺槨〔속널과 겉널〕과 수의의 아름다움을 두고 한 말이다."

"그것은 '지나쳤다'고 할 것이 아닙니다. 〔초상을 당한 때의 맹자의〕 빈부가 같지 않았기 때문입니다."

악정자가 맹자를 뵙고 말했다.

"제가 군주께 아뢰어 군주께서 와서 〔선생님을〕 뵈려고 했는데, 총애받는 자 가운데 장창이라는 자가 군주를 저지했습니다. 그 때문에 군주께서는 끝내 오시지 못했습니다."

"가게 하는 것은 누가 시킬 수도 있고 멈추게 할 수도 있다. 그러나 가고 멈추는 것 자체는 남이 시킬 수 있는 일이 아니다. 내가 노나라 군주를 만나지 못한 것은 하늘이 한 일이지, 어찌 장씨의 자식이 나로 하여금 군주를 만나지 못하게 했겠는가?"

제3장

공손추 상

1.

공손추公孫丑[53]가 물었다.

"부자께서 제나라에서 요직을 담당하신다면 관중管仲[54]과 안자의 공적을 다시 기대할 수 있겠습니까?"

맹자가 말했다.

"관중과 안자만 아는 것을 보니 그대는 진실로 제나라 사람이로다! 어떤 이가 증서曾西(증자의 손자)에게 '당신과 자로子路[55]가운데 누가 더 어진가요?'라고 물으니, 증서가 펄쩍 뛰면서 '자로는 우리 선자(할아버지, 곧 증자)께서도 두려워하신 분일세'라고 했다. '그렇다면 당신과 관중 가운데 누가 더 어진가요?'라고 물으니, 증서가 발끈 화를 내면서 '그대가 어찌 나를 관중에 비하는가? 관중은 군주의 신임을 그토록 독차지하고, 국정을 그토록 오랫동안 펼쳤음에도 불구하고 공적은 하찮지 않은가? 그대가 어찌 나를 그 사람에게 비교

한단 말인가?'라고 했다. 〔맹자가 말했다.〕[56] 관중에게 비교 되는 것은 증서조차도 원하지 않았는데 그대가 나에게 원한 단 말인가?"

"관중은 자기 군주를 패자霸者로 만들었고, 안자는 자기 군 주의 이름을 드날리게 했으니, 관중과 안자 정도는 그래도 괜찮지 않습니까?"

"제나라를 가지고 왕도정치를 하는 것은 손바닥을 뒤집는 것만큼이나 쉽다."

"그렇다면 제자의 의혹이 더욱 심해집니다. 옛날 문왕文王 은 덕이 많았음에도 불구하고 백 년 뒤 문왕께서 붕어[57]하실 때도 여전히 천하에 교화가 젖어들지 못했고, 무왕과 주공周 公[58]이 뒤를 이어 계승한 뒤에야 크게 교화가 이루어졌습니 다. 그런데 지금 왕도정치가 쉽다고 말씀하시니, 문왕조차 본받기 부족하다는 말씀입니까?"

"문왕을 어찌 당할 수가 있겠는가? 탕 임금에서 무정武丁 〔은나라 제20대 왕〕에 이르기까지 어질고 성스러운 군주 예 닐곱 명이 배출되어 천하 사람들의 마음이 은나라로 돌아간 지 오래되었다. 오래되면 변하기 어려운 법, 무정이 제후들 에게 조회받고 천하를 손바닥 움직이듯 소유했다. 주紂는 무 정과 얼마 떨어지지 않은 시기인지라 유서 깊은 가문, 전해 져온 풍속, 훌륭한 정치가 아직 남아 있었고, 게다가 미자微 子〔폭군 주의 이복 큰형〕, 미중微仲〔주의 이복 둘째 형〕, 왕자

비간王子比干, 기자箕子, 교격膠鬲 등이 있었으니, 이들 모두 현인들이었다. 이들이 서로 함께 주를 보좌했기에 오랜 뒤에야 나라를 잃었던 것이다. 한 자 땅도 그의 소유 아닌 것이 없었고, 한 명의 백성도 그의 신하 아닌 이가 없는 상태에서 문왕이 사방 백 리를 가지고 일어났다. 그래서 어려웠던 것이다.

제나라 사람의 말에 '지혜가 있더라도 세勢를 타는 것만 못하고, 농기구가 있더라도 때를 기다리는 것만 못하다' 하니 지금이 바로 그렇게 하기 쉬운 때이다. 하, 은, 주의 전성기에도 땅이 천 리가 넘은 적이 없었다. 그러나 지금 제나라에는 천 리 영토가 있고, 닭 울음과 개 짖는 소리가 서로 들려 사방 국경까지 달하니 제나라에는 백성도 그만큼 많은 것이다. 국토를 더 확장하지 않고 백성을 더 모으지 않더라도 인정을 행하고 왕도정치를 펼친다면 막을 자가 없을 것이다.

또 이렇게 오랫동안 왕자가 출현하지 않은 적이 없고 지금보다 더 심하게 백성들이 학정에 시달린 적도 없다. 굶주린 자에게 먹을 것을 마련해주기 쉽고 목마른 자에게 마실 것을 마련해주기 쉬운 때인 것이다.

공자께서도 '덕이 흘러 돌아다니는 것이 파발마로 전령을 전하는 것보다 빠르다'라고 했다. 지금과 같은 때 만승의 나라가 인정을 행한다면 백성들이 거꾸로 매달렸다가 풀려난 듯 기뻐할 것이다. 그러므로 일은 옛사람의 반쯤만 하고도 공은 반드시 옛사람의 두 배가 될 것이다. 지금이야말로 적절한 때이다."

2.

공손추가 물었다.

"부자께서 제나라 경상卿相의 지위에 올라 도를 행할 수 있게 되셔서 〔제나라가〕 패도〔覇〕를 행하든 왕도〔王〕를 행하든 괜찮은 것 같습니다. 그것이 가능하다면 마음을 움직이시겠습니까, 움직이지 않으시겠습니까?"

맹자가 말했다.

"아니다. 나는 마흔부터 부동심不動心이었노라."

"그렇다면 부자께서는 맹분孟賁〔위衞나라 사람〕보다 훨씬 더 용감하십니다."

"그것은 어려운 일이 아니다. 고자告子59는 나보다 앞서 부동심이었다."

"부동심에 방법이 있습니까?"

"있다. 북궁유北宮黝〔제나라의 용맹인〕가 용기〔勇〕를 기르는 방식은 살갗을 찔러도 꿈쩍하지 않고 눈을 찔러도 피하지 않는 것이다. 또 털끝만큼이라도 남에게 모욕당하는 것을 마치 저잣거리나 조정에서 종아리를 맞는 것처럼 생각하여 갈관박褐寬博〔아무렇게나 옷을 두른 천민〕이 가하는 모욕도 당하지 않을 뿐만 아니라 만승의 군주께서 가하는 모욕도 참지 못하여 만승의 군주를 찔러 죽이는 것을 마치 갈관박을 찔러 죽이는 것처럼 생각했다. 그는 두려워하는 제후가 없었으니, 험담하는 소리가 들리면 반드시 보복했다.

맹시사孟施舍[정체 미상]가 용기를 기르는 방법은 이기지 못하는 경우에도 이길 수 있다고 생각하고 싸우는 것이다. 그래서 '적을 헤아린 뒤에 전진하고 승리를 생각한 뒤에 싸운다면 이는 적의 삼군을 두려워하는 자이니, 내 어찌 반드시 승리만 생각하리오? 두려워하지 않을 따름이다'라고 생각했다.

맹시사는 증자와 유사하고 북궁유는 자하子夏[60]와 유사하다. 두 사람의 용기 가운데 어느 경우가 더 나은지는 모르겠지만, 맹시사는 핵심은 지키고 있다. 옛날에 증자가 자양子襄[증자의 제자]에게 '그대가 용기를 좋아하는가? 내가 큰 용기에 대해 선생님[공자]께 들었는데, 스스로 돌이켜보아 정직하지 못하면 비록 갈관박이라도 내가 두려워하지 않겠는가? 그러나 스스로 돌이켜보아 정직하다면 천만 명이 있더라도 나는 대적하러 갈 것이라고 했다네'라고 말했다. 그러나 맹시사가 용기를 지키는 방법은 기氣 차원이어서, 그 핵심에 있어 증자가 용기를 지키는 것만 못하다."

"감히 선생님의 부동심과 고자의 부동심에 관하여 듣고자 합니다."

맹자가 말했다.

"고자가 '말[言]을 이해하지 못할 때 마음[心]으로 알려 하지 말고, 마음으로 알지 못할 때 기의 도움을 받으려 하지 말라' 했다네. '마음으로 알지 못할 때 기의 도움을 받으려 하지 말라'는 주장은 옳지만 '말을 이해하지 못할 때 마음으로 알려 하지 말라'는 주장은 옳지 않다네. 뜻[志]은 기를 통솔하는 것이고 기는 몸에 꽉 차 있는 것이니, 뜻이 우두머리요, 기는 따라가는 것이다. 그러므로 '뜻을 잘 간직하여 기를 해치지 말라'고 말하는 것이다."

"이미 '뜻이 우두머리요 기는 따라가는 것'이라고 말씀하셔놓고, 또 '뜻을 잘 간직하여 기를 해치지 말라'고 하심은 무슨 말씀입니까?"

"뜻이 한결같으면 기를 움직이지만, 기가 한결같아도 뜻을 움직이게 된다. 지금 넘어지거나 달리는 것은 기가 그렇게 만드는 것이지만, 그것이 도리어 마음도 움직이게 한다."

"감히 묻겠습니다. 부자께는 어떤 장점이 있습니까?"

"나는 학설을 알고[知言], 호연지기浩然之氣를 잘 기르노라."

"무엇을 호연지기라 하는지 감히 묻습니다."

"말로 설명하기 어렵구나. 호연지기에서 말하는 기는 지극히 크고 지극히 굳세니, 바르게 길러 잘 기르고 해치지 않으면 천지 사이에 꽉 차게 된다. 또 그 기는 의, 도와 짝을 이루니, 그렇지 않으면 허해진다. 이 호연지기는 의가 많이 모여서 된 것이지 하루아침에 의가 밖에서 엄습하여 취해진 것이 아니다. 행함에 마음으로 부족하게 여기는 것이 있으면 허해지는 법이다. 그래서 나는 '고자가 의를 안 적이 없다'라고 말한 것이니, 그가 의를 외부에서 오는 것이라고 여겼기 때문이다.

반드시 호연지기를 기르는 데 종사해야 하지만 효과를 미리 기대해서도 안 되고, 마음에 잊어서도 안 되고, 억지로 조장해서도 안 된다. 송宋나라 사람과 같이 해서는 안 된다. 어떤 송나라 사람이 싹이 자라지 않는 것을 안타깝게 여겨왔다. (하루는) '오늘은 심히 피곤하다. 나는 싹이 자라도록 도왔다' 하길래 그 아들이 달려가 보니 싹이 말라 있었다. 천하에서 싹을 키울 적에 (이와 같이) 억지로 조장하지 않는 이가 적다. 유익하지 않다고 해서 내버려두는 자는 싹을 가꾸지 않는 자에 비유될 수 있고, 억지로 조장하는 자는 싹을 뽑아놓는 자에 비유될 수 있다. 조장하는 것은 비단 유익하지 못할 뿐만 아니라 더욱이 해치기까지 하는 것이다."

"'학설을 안다'고 하신 것은 무슨 말씀입니까?"

"편벽된 학설(詖辭)을 상대로 그 가려진 바를 알고, 지나친 학설(淫辭)을 상대로 그 매몰되어 있는 바를 알고, 사악한 학설(邪辭)을 상대로 그 괴리된 바를 알고, 둘러대는 학설(遁辭)을 상대로 그 궁색한 바를 알 수 있다는 것이다. (이런 학설들은) 마음에서 생겨나 정치를 해치고, 정치에 드러나 일을 해치게 된다. 성인聖人〔공자〕께서 다시 살아오신다 하더라도 반드시 내 말을 〔옳다고〕 따르실 것이다.”

“재아宰我와 자공子貢은 언설을 잘했고, 염백우冉伯牛, 민자건閔子騫, 안연顔淵은 덕행으로 이름이 났지요.[61] 공자께서는 이 두 가지 모두 겸했음에도 불구하고 ‘나는 언사〔辭命〕에 능하지 못하다’ 했습니다. 이렇게 본다면 부자께서는 이미 성인이십니다.”

“아니, 그것이 무슨 말인고? 옛날에 자공이 공자께 ‘부자께서는 성인이시지요?’라고 묻자 공자께서 ‘나를 성인이라 할 수 없다. 나는 다만 배우기를 싫어하지 않고 가르치기를 게을리하지 않을 뿐이지’ 했다. 그래서 자공이 ‘배우기를 싫어하지 않는 것이 슬기로움〔智〕이요, 가르치기를 게을리하지 않는 것이 어짊〔仁〕입니다. 어질고도 슬기로우신 부자야말로 이미 성인이십니다’ 했다. 공자께서도 성인을 자처하지 않으셨는데, 그것이 무슨 말인고?”

“전에 저는 ‘자하, 자유子游, 자장子張은 모두 성인의 한 측면만 갖추었고, 염백우, 민자건, 안연은 전체를 갖추고 있었으나 약하다’는 말을 들었습니다. 〔부자께서는〕 어느 쪽이신지 감히 여쭙겠습니다.”

“일단 그 문제는 내버려두자.”

“백이伯夷[62]와 이윤伊尹[63]은 어떻습니까?”

"방법이 같지 않다. 섬길 만한 군주가 아니면 섬기지 않고 부릴 만한 백성이 아니면 부리지 않아서, 세상이 다스려지면 나아가고 어지러워지면 물러가는 자가 백이였다. '누구를 섬긴들 나의 군주가 아니고, 누구를 부린들 나의 백성이 아니겠는가?' 하여 다스려져도 나아가고 어지러워도 나아간 자가 이윤이였다. 벼슬할 만하면 벼슬하고, 그만둘 만하면 그만두며, 오래 머무를 만하면 오래 머물고, 빨리 떠나야 하면 빨리 떠난 이가 공자이시다. 모두 옛 성인들이시다. 내 비록 실천은 잘 못하지만, 내가 원하는 바는 공자를 배우는 것이다."

"그렇다면 이와 같이 백이와 이윤이 공자와 같은 반열입니까?"

"아니다. 백성[生民]이 존재한 이래 공자 같은 분은 없으셨다."

"그렇다면 어떤 점이 같습니까?"

"공통점이 있다. 백 리의 땅을 가지고 군주 노릇을 하면 모두 제후에게 조회받고 천하를 소유할 수 있고, 한 가지라도 불의를 행하고 천하를 얻는다든지 한 사람이라도 죄 없는 이를 죽이고서 천하를 얻는 일은 아무도 하지 않을 것이라는 점이다. 이것이 같은 점이다."

"감히 다른 점에 대해 여쭙겠습니다."

"재아, 자공, 유약有若은 성인을 알아보고도 남는 지혜를 가졌다는 점이다. 이들은 설령 지혜가 얕다 하더라도 좋아하는 사람에게 아첨하는 데는 이르지 않았을 것이다. 재아는 '내가 부자를 관찰하건대 요순堯舜[64]보다 훨씬 뛰어나시다' 했다. 자공은 '예를 보면 그 나라의 정치를 알 수 있고, 음악을 들으면 그 군주의 덕을 알 수 있다. 백세百世 후의 왕들을 평가하더라도 이것을 피할 자는 없다. 생민이 있은 이래 부자 같은 분은 없으셨다' 했다. 유약은 '어찌 오직 백성만 그렇겠는가? 달리는 짐승 가운데 기린, 날아가는 새 가운데 봉황, 언덕 가운데 태산, 길에 고인 장마 빗물 가운데 하해河海와 마찬가지로 성인은 일반 백성 가운데 뛰어난 분이시다. 백성이 존재한 이래 공자보다 훌륭한 분은 없으셨다'라고 했다."

3.

맹자가 말했다.

"힘으로 인仁을 가장하는 것이 패도覇道이다. 패도는 반드시 대국을 소유해야 한다. 덕으로 인을 행하는 것은 왕도이다. 왕도는 대국을 필요로 하지 않는다. 탕 임금은 70리로 왕도정치를 행했고, 문왕은 백 리로 행했다. 힘으로 남을 굴복시키는 것은 마음으로 복종케 하는 것이 아니라 힘이 모자라 복종케 하는 것이다. 덕으로 남을 복종시키는 것은 마음으로 기뻐서 진실로 복종케 하는 것이니 70명의 제자가 공자에게 심복心腹한 것이 그것이다.《시경》(〈대아〉, 문왕유성文王有聲 편)에서 '서쪽에서 동쪽에서, 남쪽에서 북쪽에서/ 복종을 생각하지 않는 이가 없구나'라고 했으니, 이것을 말하는 것이다."

4.

맹자가 말했다.

"인하면 영광되고 불인不仁하면 굴욕을 당한다. 지금 굴욕을 싫어하면서도 불인하게 사는 것은 습한 것을 싫어하면서도 낮은 곳에 거처하는 것과 같다. 만일 굴욕을 싫어한다면 덕을 귀하게 여기고 선비를 높이는 것만 한 일이 없으니 현자가 지위에 있고 재능 있는 자가 직책을 담당해야 국가가 평화로워진다. 바로 이때 제도(政)와 형벌(刑)을 밝힌다면 대국일지라도 반드시 그 국가를 두려워할 것이다.《시경》(〈빈풍豳風〉·치효鴟鴞 편)에서 '하늘에 구름이 일고 비가 오기 전에/저 뽕나무 뿌리를 거두어다가 창문을 동여맸다네./이제 어찌 백성들이 혹시라도 나를 업신여기겠는가?' 했는데, 공자께서 '이 시를 지은 자는 도를 아는구나. 자기 국가를 다스릴 줄 안다면 누가 감히 업신여기리오?' 했다.

지금 국가가 평화롭다고 해서 이때에 미쳐 즐기고 태만하고 오만한 짓을 하니 이는 스스로 화를 부르는 짓이다. 화와 복은 자기에게서 나오지 않는 것이 없다. 《시경》(〈대아〉, 문왕文王 편)에서 '길이 천명에 짝하기를 생각하여/스스로 많은 복을 찾을지어다'라고 하고, 〈태갑太甲〉(《서경》의 편명)에서 '하늘이 지은 재앙은 그래도 피할 수 있지만 스스로 지은 재앙에서는 살아날 길이 없다'라고 한 것도 이를 말한 것이다."

5.

맹자가 말했다.

"현자를 높이고 재능 있는 자를 부려서 준걸들이 지위에 있으면 천하의 선비들이 모두 기뻐하여 그 군주의 조정에서 벼슬하고 싶어 할 것이다. 시장에서 자릿세만 받고 세금을 징수하지 않으며 합법 여부만 조사하고 자릿세를 받지 않으면 천하의 장사꾼들이 모두 기뻐하며 그 군주의 시장에 상품을 저장하고 싶어 할 것이다. 관문에서 기찰만 하고 세금을 징수하지 않으면 천하의 여행자들이 모두 기뻐하여 그 군주의 길로 나다니고 싶어 할 것이다. 농사 짓는 자들에게 공전에서 부역하게만(助力) 하고 다른 세를 물리지 않으면 천하의 농부들이 모두 기뻐하여 그 군주의 들판에서 경작하고 싶어 할 것이다. 상점에 부夫와 리里에서 내는 베를 없애면 천하의 백성들이 모두 기뻐하여 그 군주의 백성이 되고 싶어 할 것이다. 진실로 이 다섯 가지를 행한다면 이웃 나라 백성들이 그 군주를 부모처럼 우러러볼 것이다. 자제를 거느리고 자기 부모를 공격하는 일은 백성들[生民]이 있은 이래 성공한 적이 없었다."65

6.

맹자가 말했다.

"사람들은 모두 '남에게 차마 어쩌지 못하는 마음[不忍人之心]'을 가지고 있다. 선왕들은 남에게 차마 어쩌지 못하는 마음으로 남에게 차마 어쩌지 못하는 정치를 펼쳤다. 남에게 차마 어쩌지 못하는 마음으로 남에게 차마 어쩌지 못하는 정치를 펼친다면 천하를 다스리는 것은 손바닥 위에 놓고 움직이는 것과 같다. 사람이라면 누구나 남에게 차마 어쩌지 못하는 마음을 가지고 있다고 말하는 까닭은, 갑자기 어린아이가 우물로 들어가려는 것을 보게 되면 누구나 깜짝 놀라 측은한 마음을 가질 것이기 때문이다. 이것은 어린아이의 부모와 교분을 맺기 위해서도 아니고, 동네사람들[鄉黨]과 붕우들에게 칭찬을 받기 위해서도 아니고, (외면했을 경우) 잔인하다는 오명을 듣기 싫어서도 아니다.

이로 말미암아 본다면 남을 불쌍하게 여기는 마음(惻隱之心)이 없으면 사람이 아니고, 불의를 부끄러워하고 미워하는 마음(羞惡之心)이 없으면 사람이 아니고, 겸손하고 양보하는 마음(辭讓之心)이 없으면 사람이 아니며, 옳고 그름을 판단하는 마음(是非之心)이 없으면 사람이 아니다. 측은지심은 인의 단서요, 수오지심은 의義의 단서요, 사양지심은 예禮의 단서요, 시비지심은 지智의 단서다.

인간이 이 사단四端을 가지고 있는 것은 팔다리(四體)를 가지고 있는 것과 같다. 사단을 가지고 있으면서도 스스로 인의를 행할 수 없다고 말하는 자는 자신을 해치는 자요, 자기 군주가 인의를 행할 수 없다고 말하는 자는 군주를 해치는 자이다. 무릇 나에게 있는 사단을 끝까지 확충할 줄 안다면 마치 불이 처음 타오르고 샘물이 처음 나오는 것과 같을 것이다. 참으로 이것을 확충할 줄 알면 족히 사해를 보호하겠지만 확충할 줄 모른다면 부모를 섬기기에도 부족하다."

7.

맹자가 말했다.

"화살 만드는 사람이 어찌 갑옷 만드는 사람보다 어질지 못하리오? 그러나 화살 만드는 사람은 행여 사람을 다치게 하지 못할까 봐 두려워하고 갑옷 만드는 사람은 행여 사람을 다치게 할까 봐 두려워한다. 무당이나 장의사 또한 그러하다. 그러므로 기술을 선택할 적에 삼가지 않으면 안 된다. 공자께서 '어진 풍속이 있는 마을이 아름답다. 사람이 거처할 곳을 가리되 어진 곳에 거처하지 않는다면 어찌 지혜로울 수 있겠는가?'〔《논어論語》, 이인里仁〕했으니 인이라는 것은 하늘이 내리신 '높은 벼슬〔尊爵〕'이며 사람의 '편안한 집〔安宅〕'이다.

그러나 아무도 막지 않는데도 불인하니 지혜롭지 못하구나. 어질지 못하니 지혜롭지도 못하다. 그리하여 예도 없게 되고 의도 없게 되니 남에게 부림을 당하기 마련이다. 남에게 부림당할 만하여 부림당하는 것을 부끄러워하는 것은 마치 활 만드는 사람이 활 만드는 것과 화살 만드는 것을 부끄러워하는 것과 같다. 이것을 부끄러워할진대 인을 행하는 것만 못하다.

인자의 자세는 활 쏘는 것과 같다. 활 쏘는 사람은 자신을 바로잡은 뒤에야 발사하고, 발사한 것이 맞지 않더라도 자기를 이긴 자를 원망하지 않고 자기에게서 실수의 원인을 반성할 따름이다〔反求諸己〕."

8.

맹자가 말했다.

"자로는 남들이 자신의 잘못을 말해주면 기뻐했다. 우禹[66]께서는 선언善言을 들으면 절을 했다. 위대한 순舜[67]께서는 이보다 더 훌륭했으니, 다른 사람들과 함께 선을 행하여 자신을 버리고 남을 따르셨고, 남에게서 선을 취하여 행하게 하는 것을 좋아했다. 그리하여 밭 갈고 곡식 심고 질그릇 굽고 조기 잡을 때부터 황제가 될 때까지 남의 선함을 취하지 않은 것이 없었다. 남에게서 취하여 선을 행하는 것이 바로 남과 함께 선을 행하는 것이다. 그러므로 군자에게 다른 이와 더불어 선을 행하는 것보다 더 중대한 일은 없다."

9.

맹자가 말했다.

"백이는 섬길 만한 군주께서 아니면 섬기지 않았고, 벗할 만한 사람이 아니면 벗하지 않았으며, 악한 사람의 조정에 서지 않았고, 악한 사람과 더불어 말하지 않았다. 악한 사람의 조정에 서고 악한 사람과 말하는 것을 마치 조복朝服(관복)과 조관朝冠(관모)을 갖춘 채 도탄에 빠져 있는 것처럼 여겼다. 악을 싫어하는 마음으로 미루어보건대, 비루한 사람과 있을 때 그 사람의 갓이 바르지 않으면 그는 훌훌 떠나가 버리니 그 사람이 자신을 더럽힐 것이라 생각했기 때문이다. 이 때문에 제후들이 비록 임명사를 잘 갖춰 찾아오더라도 받아들이지 않았던 것이다. 그들을 받아들이지 않은 것은 또한 벼슬길에 나아가는 것을 좋게 생각하지 않았기 때문이기도 하다.

유하혜柳下惠[68]는 더러운 군주를 섬기는 것도 부끄러워하지 않았고, 낮은 벼슬도 비천하게 여기지 않았다. 벼슬길에 나아가면 자신의 어짊을 숨기지 않아 반드시 그 도리를 다했고, 벼슬길에서 누락되어도 원망하지 않았으며, 곤궁에 처해도 근심하지 않았다. 그러면서 그는 '너는 너이고 나는 나이니 네가 비록 내 곁에서 옷을 걷고 몸을 드러낸들 네가 어찌 나를 더럽힐 수 있으리오?' 했다. 그러므로 유유히 그 군주와 함께 있으면서도 스스로 올바름을 잃지 않았기에, 떠나려 하다가도 그 군주께서 잡아당겨 멈추게 하면 멈추었다. 잡아당겨 멈추게 하면 멈춘 것은 떠나는 것만이 좋은 것은 아니라고 생각했기 때문이다."

〔한편〕 맹자는 다음과 같이 말했다.

"백이는 편협하고 유하혜는 공손하지 못하다. 편협하고 공손하지 못한 것은 군자가 따르지 않는다."

제4장

공손추 하

1.

맹자가 말했다.

"천시天時[기후]가 지리地利[지리적 이점]만 못하고, 지리가 인화人和[화합]만 못하다. 3리나 되는 성과 7리나 되는 곽〔외성〕을 포위하고 공격해도 이기지 못할 때가 있다. 포위하여 공격할 때 반드시 천시를 얻어야 이기지만, 그래도 이기지 못하는 경우가 있는 것은 천시가 지리만 못하기 때문이다. 성이 높지 않은 것도 아니고 못이 깊지 않은 것도 아니고, 병기와 갑옷이 견고하고 예리하지 않은 것도 아니며, 쌀과 곡식이 많지 않은 것도 아니지만 이것을 버리고 떠나가는 경우가 있으니 이는 지리가 인화만 못하기 때문이다. 그러므로 옛말에 '백성을 경계 짓되 국경의 경계에 의존하지 말고, 국가를 견고하게 하되 산과 계곡의 험준함에 의존하지 말며, 천하 사람들에게 두려움을 갖게 하되 예리한 무기에 의존하지 말아야 한다'라고 한 것이다.

도를 이룬 자에게는 도와주는 이가 많고 도를 잃은 자에게는 도와주는 이가 적다. 도와주는 이가 극단적으로 적은 경우에는 친척조차 배반하고, 도와주는 이가 지극히 많은 경우에는 천하 사람들이 따른다. 그러면 천하 사람들이 따르는 나라를 가지고 친척이 배반하는 나라를 치는 것이다. 그러므로 군자는 싸우지 않지만 싸우게 되면 반드시 승리하는 것이다."

2.

맹자가 왕〔제나라 선왕〕을 조회하러 가려고 하는데 왕이 사신을 보내 전했다.

"과인이 찾아가 뵙고자 했는데 감기에 걸려 바람을 쐴 수가 없습니다. 내일 아침에 조회를 볼 것인데 과인이 만나뵐 수 있는지 모르겠습니다."

〔맹자가 말했다.〕

"불행하게도 〔저도〕 아파서 조회에 나갈 수 없습니다."

〔맹자가〕 다음 날 밖으로 나가 동곽씨東郭氏〔제나라의 대부〕에게 조문하려 했다. 그러자 공손추가 말했다.

"어제 아프다고 조회를 사양하셔놓고 오늘 조문을 하시면 어째 불가한 듯합니다."

"어제는 아팠지만 오늘은 나았으니 어찌 조문을 하지 않겠는가?"

그런데 왕이 사람을 시켜 병문안을 하고 의원도 보내왔다. 〔맹자의 제자이자 사촌 동생〕 맹중자孟仲子가 대답했다.

"어제는 왕명이 계셨으나 〔선생님께서〕 조금 편찮으셔서 〔采薪之憂〕 조회에 나가지 못했습니다. 오늘은 조금 나으셔서 조정으로 달려가셨습니다. 도착했는지 모르겠습니다."

이렇게 말해놓고는 몇 사람을 풀어서 길목을 지키고 있다가 맹자가 '곧장 돌아오지 마시고 꼭 조정에 나가십시오'라고 전하게 했다. 그러나 맹자는 조정에 나가지 않고 〔제나라 대부〕 경추씨景丑氏에게 가서 유숙했다. 경추씨가 말했다.

"안으로는 부자 사이가, 밖으로는 군신 사이가 인간에게 가장 큰 윤리로서, 부자 사이는 은혜를 주로 하고 군신 사이는 공경을 주로 하지요. 저는 왕께서 그대를 공경하는 것은 보았지만 그대가 왕을 공경하는 것은 보지 못했습니다."

"아니, 그것이 무슨 말이오? 제나라 사람 가운데 왕과 인의를 가지고 말하는 이가 없는 것이 어찌 인의를 좋지 않게 여겨서겠소? 마음속으로 '이 사람이 어찌 더불어 인의를 말할 만한 사람이리오?'라고 생각하기 때문일 것이오. 그렇다면 이보다 더 큰 불경은 없는 것이지요. 나는 요순의 도가 아니면 감히 왕 앞에서 말씀드리지 않소. 그러므로 제나라 사람

가운데 내가 왕을 공경하는 것만큼 공경하는 이가 없는 것이
지요."

경자〔경추씨〕가 말했다.

"아니오.〔내가 불경이라 한 것은〕 그 말이 아니오.《예기
禮記》〔〈옥조玉藻〉 편〕에서 '아버지가 부르시면 대답할 겨를도
없고, 군주께서 명하시면 가마를 기다릴 겨를도 없다' 했는
데,〔그대가〕 조회를 하려 하다가 왕명을 듣고도 끝내 결행하
지 않은 것이《예기》의 뜻과 같지 않은 점을 말한 것이오."

"이번 일이 어찌 그 경우에 해당하겠소? 증자가 '내가 진나
라와 초나라의 부유함에는 미칠 수 없지만 저들이 부유함을
가지고 나를 대한다면 나는 인을 가지고 대할 것이며, 저들
이 작위爵位를 가지고 대한다면 나는 나의 의를 가지고 대할
것이다. 내가 무엇이 부족한가?' 했으니 어찌 증자가 의롭지
못한 것을 말했겠소? 이것도 하나의 방법일 것이오.

천하에 보편적으로 높이는 것〔達尊〕이 세 가지 있소. 작위
가 그 하나요, 나이〔齒〕가 그 하나요, 덕이 그 하나지요. 조정
에서는 관작을 따를 것이 없고, 마을〔鄕黨〕에서는 나이를 따
를 것이 없고, 세상을 돕고 백성을 자라게 하는 데〔輔世長民〕
는 덕을 따를 것이 없지요. 그런데 어찌 그중 한 가지를 가지
고서 나머지 둘을 가진 사람에게[69] 거만하게 굴 수 있겠소?

그러므로 장차 큰일을 하고자〔有爲〕 하는 군주는 반드시
함부로 부르지 못하는 신하를 두고서, 도모하고자 하는 일이

있으면 [그를] 찾아갔지요. 덕을 높이고 도를 즐기는 것이 이와 같지 않으면 더불어 큰일을 할 수 없소이다. 그러므로 탕임금이 이윤에게 배운 뒤에 그를 신하로 삼았고, 또 그렇기 때문에 수고하지 않고 왕자가 되었으며, 환공도 관중에게 배운 뒤에 그를 신하로 삼았고, 또 그렇기 때문에 수고하지 않고 패자가 될 수 있었던 것이라오.

지금 국토도 비슷하고 [정치하는] 덕도 비슷하여 천하에 어느 일국이 두드러지지 못한 것은 바로 자기가 가르칠 수 있는 사람을 신하로 삼기 좋아하고 자기에게 가르침을 줄 수 있는 사람을 신하로 삼고 싶어 하지 않기 때문이오. 탕 임금은 이윤을, 환공은 관중을 감히 부르지 못했소. 관중조차 부르지 못했는데 하물며 관중을 따르지 않는 이[맹자 자신]에 대해서야 말할 것이 있겠소?"

3.

진진陳臻[70]이 물었다.

"[선생님께서] 요전 날 제나라가 순황금 백 일을 주자 받지 않으셨는데 송宋나라가 70일을 준 것은 받으셨고, 설薛나라가 50일을 준 것도 받으셨습니다. 그런데 지난날 받지 않으신 것이 옳은 행동이었다면 오늘 받으신 것이 잘못일 것이고, 오늘 받으신 것이 옳다면 지난날 받지 않으신 것은 잘못일 것입니다. 부자께서는 필시 이 중 어느 한쪽에 해당하실 것입니다."

맹자가 말했다.

"둘 다 옳다. 송나라에서 나는 먼 길을 떠나려 하고 있었다. 먼 길을 떠나는 자에게는 반드시 노자를 주는 법이다. 그러니 '노자를 드리겠다'면서 주는데 어찌 받지 않을 수 있겠느냐? 설나라에서 나는 신변의 위협을 느끼고 있었다. 〔그 군주께서〕 '위협을 느끼신다는 말을 들었기에 병사를 두는 데 쓰라고 드린다'면서 주는데 어찌 받지 않을 수 있겠느냐? 제나라의 경우는 받을 명분이 없었다. 명분이 없는데 받는다면 이것은 뇌물이니, 어찌 군자가 되어 뇌물을 받겠는가?"

4.

맹자가 평륙平陸에 가서 그곳의 대부〔당시 공거심孔距心〕에게 말했다.

"그대의 창을 잡은 병사가 하루에 세 번이나 대오를 이탈한다면 버리겠소, 그대로 두겠소?"

"세 번까지 기다릴 것이 없지요."

"그런데 그대 또한 대오를 이탈한 적이 많소. 흉년에 그대의 백성 가운데 노약자들은 구렁에서 전전하고, 청장년들은 수천 명이나 사방으로 흩어져 가는구려."

"그것은 저 공거심이 어찌할 수 있는 일이 아닙니다."

"지금 남의 소와 양을 맡아서 기르는 자가 있다면 그는 반드시 목장과 목초를 찾겠지요. 목장과 목초를 찾다가 발견하지 못하면 그것들을 주인에게 돌려주어야 하오? 아니면 서서 그것들이 죽어가는 꼴을 보기만 해야 하오?"

"저 거심이 잘못했습니다."

후일 [맹자가] 왕을 알현한 다음에 "왕의 신하 가운데 고을을 다스리는 자 다섯 명을 알고 있는데, 그중 자신의 죄를 아는 자는 오직 공거심뿐입니다"라고 말하며 왕에게 그 사연을 말했다.

왕이 말했다.

"그것은 과인의 잘못이군요."

5.

맹자가 지와蚔鼃[제나라 대부]에게 말했다.

"그대가 영구靈丘의 수령직을 사양하고 사사士師71를 청한 것은 일리가 있소. 그것이 간언할 수 있는 직책이기 때문이지요. 그런데 [사사가 된 지] 벌써 몇 개월이 지났는데 아직

까지도 간언할 수 없었는지요?"

지와는 왕에게 간언을 했으나 채택되지 않자 신하 직책을 내놓고 떠났다. 그러자 어떤 제나라 사람이 〔맹자에 대해〕 '지와에게 한 말은 옳지만 〔맹자〕 자신의 행동은 알 수가 없다'고 말했다. 공도자公都子가 이것을 〔맹자에게〕 고하니 맹자가 말했다.

"나는 '관직을 맡고 있는 자는 직책을 수행할 수 없으면 떠나는 것이고, 간언을 책임지는 자는 간언할 수 없으면 떠나는 것'이라는 말을 들었다. 나는 관직을 맡고 있는 것도 아니고 간언을 책임지고 있는 것도 아니다. 그러니 나의 진퇴가 어찌 여유작작하지 않으리오?"

6.

맹자가 제나라에서 경卿〔객경〕이 되어 등나라에 조문을 가게 되었다. 왕이 개蓋의 대부 왕환王驩〔왕의 측근 대부〕을 부사로 삼았다. 왕환이 아침저녁으로 문안했지만 〔맹자는〕 제나라에서 등나라까지 다녀오는 동안 그와 더불어 일에 대해 한마디도 나누지 않았다. 이에 공손추가 말했다.

"제나라 경의 지위가 낮은 것도 아니고 제나라와 등나라 사이의 길이 가까운 것도 아닌데 어찌하여 갈 때부터 올 때까지 일에 대해 한 말씀도 없으셨습니까?"

"이미 다른 이가 그 일을 주관하는데 내가 무슨 말을 하리오?"[72]

7.

맹자가 제나라에서 노나라로 가서 장례를 지내고 제나라로 돌아오는 길에 영(贏)에 머물렀는데 충우充虞[73]가 청했다.

"[선생님께서] 지난날 저의 불초함을 모르시고 저로 하여금 목수 일을 관장하게 했는데, 그때는 일이 급하여 제가 감히 묻지 못했지만, 지금 생각건대 [관을 짜는 데 사용된] 나무가 너무 아름다웠던 것은 아닙니까?"

"옛날에는 관곽에 정해진 한도가 없었다. 그런데 중간에 천자에서 서인에 이르기까지 관을 7촌으로 하고 곽도 여기에 맞추게 되었다. 이는 그저 보기에 아름다워서가 아니라 그렇게 해야만 마음에 미진함이 없기 때문이었다. [제도상] 할 수 없어도 마음에 미흡하고, 재력이 모자라도 마음에 미흡한 법이다. 옛사람도 [제도상] 해도 되고 재력도 따르면 모두 아름다운 관곽을 썼다. 어찌 나만 홀로 그렇게 하지 않으리오? 또 죽은 자의 살갗에 흙이 닿지 않아야 그 자식의 마음이 흡족하지 않겠는가? 나는 '군자는 천하 사람들 때문에 어버이께 검소하게 하지 않는다'라는 말을 들었다."

8.

〔제나라 대신〕 심동沈同이 개인적으로 물었다.

"연나라를 정벌해도 됩니까?"

맹자가 말했다.

"되지요. 〔연나라의 왕〕 자쾌子噲도 마음대로 남에게 연나라를 줄 수 없고 〔연나라의 재상〕 자지子之도 함부로 자쾌에게서 연나라를 받을 수 없는 법이지요. 여기 벼슬하는 자가 있는데 그대가 그를 좋아하여 왕에게 아뢰지 않고 사사로이 그에게 관작과 봉록을 주고 그 선비 또한 왕명 없이 사사로이 그대에게서 관작과 봉록을 받는다면 그것이 옳겠습니까? 어찌 이와 다르겠습니까?"

제나라 사람이 연나라를 정벌하자 어떤 이가 물었다.

"제나라로 하여금 연나라를 공격하도록 권했다는데 사실입니까?"

"아니다. 심동이 '연나라를 정벌해도 되는가?' 하고 묻기에 '된다'고 했는데, 그 사람이 옳다고 여겨 정벌한 것이다. 만일 그 사람이 '누가 정벌할 수 있는가?' 하고 물었다면 나는 '하늘의 관리〔天吏〕가 정벌할 수 있다'고 답했을 것이다. 지금 살인한 자가 있는데 어떤 이가 '살인자를 죽여도 되는가?' 하고 묻는다면 나는 '된다'고 할 것이다. 그가 '누가 그를 죽일 수 있는가?' 하고 묻는다면 나는 '사사士師만이 죽일 수 있다'고 할 것이다. 지금은 연나라가 연나라를 정벌하는 꼴인데 내가 어찌 권했겠는가?"

9.

연나라 사람들이 반기를 들었다. 왕〔제나라 왕〕이 말했다.
"내가 맹자에게 심히 부끄럽구나."
〔제나라 대부〕 진가陳賈가 말했다.
"왕께서는 걱정하지 마소서. 왕께서는 주공周公과 왕 가운데 누가 더 어질고 지혜롭다고 생각하십니까?"
왕이 말했다.
"그것이 무슨 말인가?"
"주공이 관숙管叔〔주공의 형〕으로 하여금 은나라를 감독하게 했는데, 관숙이 은나라를 이끌고 반기를 들었지요. 주공이 〔이런 일이 있을 줄〕 알면서도 관숙에게 그 직무를 맡겼다면 어질지 못한 것이요, 모르고 맡겼다면 지혜롭지 못한 것입니다. 어짊과 지혜는 주공도 다하지 못한 것인데 하물며 왕께서야 말할 것이 있겠습니까? 청컨대 저 가賈가 맹자를 만나 해명하겠습니다."

〔진가가〕 맹자를 만나 물었다.

"주공은 어떤 사람입니까?"

"옛 성인이시지요."

"관숙으로 하여금 은나라를 감독하게 했더니 관숙이 은나라를 이끌고 반기를 들었다고 하던데, 사실입니까?"

"그렇소."

"주공은 그가 배반할 줄 알고도 그 일을 맡겼습니까?"

"몰랐겠지요."

"그렇다면 성인도 잘못을 저지르는군요."

"주공은 아우요, 관숙은 형이니, 주공의 그런 잘못이야 당연하지 않소?

그런데 옛날의 통치자〔君子〕들은 잘못을 하면 고쳤는데 지금의 통치자들은 잘못을 더 키우는군요. 옛날의 통치자들은 자신의 잘못을 일식과 월식처럼 여겨서 백성들이 모두 그것을 보았고, 잘못을 고치게 되면 백성들이 모두 우러러보았는데, 지금의 군자들은 어찌 잘못을 더 키우려고만 하는지요? 그것도 모자라 변명까지 하는군요."

10.

맹자가 신하 자리를 내놓고 떠나려 하자 왕이 맹자를 찾아와 말했다.

"지난날 뵙기를 원했으나 뵙지 못하다가 한 조정에 모시게 되어 조정 대신들이 매우 기뻐했습니다. 그런데 지금 또다시 과인을 버리고 돌아가시려 하니, 뒤에도 계속 선생님을 뵈올 수 있을지 모르겠습니다."

"감히 청하지는 못하지만 진실로 원하는 바입니다."

다른 날 왕이 시자時子〔제나라 신료〕를 보고 말했다.

"내가 맹자를 위하여 수도에 집을 짓고 제자들을 기르도록 만 종이나 되는 녹봉을 주어 여러 대부들과 백성들로 하여금 모두 그를 공경하고 본받게 하고 싶으니, 그대가 내 뜻을 대신 전해주면 어떤가?"

시자가 진자陳子〔陳臻〕를 통하여 맹자에게 고하게 했고, 진자가 시자의 말을 맹자께 아뢰었다. 맹자가 말했다.

"그렇군. 저 시자가 그것이 옳지 않음을 어찌 알겠는가? 내가 부자가 되고 싶었다면 10만 종〔객경의 녹봉〕을 사양하고 만 종을 받으리오? 이것이 부자가 되고자 하는 짓이리오? 계손씨季孫氏〔미상〕가 '이상도 하지, 〔계손 때의 재상〕 자숙의子叔疑는! 정치를 하다가 받아들여지지 않으면 그만둘 일이지, 또 자기 자식에게까지 경卿의 역할을 시키다니. 어떤 사람이 부귀하고자 하지 않겠는가마는 홀로 부귀를 독차지하고서도 사사로이 농단壟斷하려 하는구나'라고 한 바 있다.

옛날에 시장에서 교역하는 자들은 자기 물건을 자기에게 없는 물건과 바꿨고, 유사들은 분쟁만 다스릴 뿐이었다. 하루는 어떤 천한 장부 하나가 나타나더니 꼭 높은 언덕壟斷을 찾아 올라가 좌우를 내려다보면서 시장의 이익을 다 긁어모았다. 그래서 사람들이 모두 그를 천하게 여겼고, 〔유사도〕 그에게 세금을 징수했다. 장사꾼에게 세금을 징수하는 일은 이 천한 장부에게서 비롯되었다."

11.

맹자가 제나라를 떠나실 적에 주晝에 머물렀다. 왕〔제 선왕〕을 위하여 맹자의 발을 붙잡고자 꿇어앉아서 말하는 이가 있었다. 그러나 맹자는 응대하지 않고 안석에 기댄 채 누워 있었다. 그 손님이 불쾌해하면서 말했다.

"저는 재계齋戒한 채로 하룻밤을 보낼 만큼 공경하는 마음으로 말씀드렸건만, 부자께서는 누워만 계실 뿐 듣지를 않으시군요. 다시는 뵙지 않겠습니다."

"앉으시오. 내가 그대에게 분명하게 말하겠소. 옛날에 〔노나라의 군주〕 목공繆公은 자사子思[74] 곁에 〔자신과 자사의 뜻을 소통시키는) 사람이 없으면 자사를 편안하게 모시지 못한다고 생각했고, 설류泄柳와 신상申詳[75]도 목공의 곁에 (자신의 뜻을) 보좌할 만한 사람이 없으면 자신의 몸이 편안할 수 없다고 생각했소. 그대가 이 늙은이(長者)를 생각한다지만 자사가 받은 배려에 미치지 못하는구려. 그러니 그대가 이 늙은이를 거절하는 것이오, 이 늙은이가 그대를 거절하는 것이오?"

12.

맹자가 제나라를 떠나자 윤사尹士(제나라 사람)가 사람들에게 말했다.

"(제나라) 왕께서 탕 임금이나 무왕 같은 성군이 될 수 없음을 모르고 왔다면 이것은 맹자가 밝지 못한 것이고, 알고도 왔다면 이것은 은택을 추구한 것이다. 천 리 먼 길을 왕을 만나러 왔다가 뜻이 맞지 않아 떠나가면서 사흘이나 주에 머물렀다 가니, 어찌 이리 오래 머문단 말인가? 나는 이것이 못마땅하다."

고자高子[76]가 이 말을 아뢰니 (맹자가) 말했다.

"윤사가 어찌 나를 알겠는가? 천 리 먼 길을 왕을 만나고자 온 것은 내가 원해서였지만 뜻이 맞지 않아 떠나가는 것이 어찌 내가 원하는 바이겠는가? 내 부득이해서 가는 것이다. 내가 사흘을 유숙한 뒤에 주를 떠나지만 내 마음은 여전히 그것이 이르다고 여겼다. 나는 왕께서 마음을 바꾸시기를 바라니, 행여 왕께서 마음을 바꾸신다면 분명 나로 하여금 돌아오게 할 것이기 때문이다. 내가 주를 떠나가는데도 왕께서 나를 쫓아오지 않으시므로 나는 분명하게 돌아갈 뜻을 품었다. 그러나 내가 어찌 왕을 버리겠는가? 왕께서는 그래도 충분히 선을 행하실 수 있을 것이다. 왕께서 나를 등용하신다면 어찌 제나라 백성들만 편안하겠는가? 천하의 백성들이 편안해질 것이다. 나는 왕께서 부디 마음을 바꾸시기를 날마다 바라노라. 군주에게 간언한 바가 받아들여지지 않았다고 내 어찌 그런 소인배처럼 발끈해, 불쾌함을 얼굴에 드러내고서 하루 종일 있는 힘껏 달린 후에 유숙할 수 있겠는가?"

윤사가 이 말을 전해 듣고 말했다.

"나 사士는 진실로 소인이구나."

13.

맹자가 제나라를 떠날 적에 충우가 도중에 물었다.

"부자께서는 유쾌하지 않은 기색이 있으신 듯합니다. 지난날 제가 부자께 '군자는 하늘을 원망하지 않고 남의 허물을 탓하지 않는다'는 말씀을 들었는데요."

맹자가 말했다.

"그때나 지금이나 마찬가지구나. 5백 년 주기로 반드시 왕자가 나오고, 그 사이에 반드시 세상에 이름을 떨치는 이도 나타나기 마련이다. 주나라로부터 7백 년이나 되었으니 햇수로 치면 이미 지났고, 운세로 보자면 성인이 나타날 시기이다. 그러나 하늘이 천하를 평치하려 하지 않으시나 보다. 천하를 평치하려 하신다면 지금의 세상을 당하여 나 말고 누가 하겠는가? 내 어찌 유쾌할까?"

14.

맹자가 제나라를 떠나 휴休에 머무는데 공손추가 물었다.

"벼슬하면서 녹봉을 받지 않는 것이 옛 도입니까?"

맹자가 말했다.

"아니다. 숭崇에서 내가 왕을 알현하고 물러나오면서부터 떠날 마음을 품었는데, 그 마음을 바꿀 생각이 없었기 때문에 녹을 받지 않았던 것이다. 그러나 잇달아 〔제나라에〕 군대 동원 명령이 내려와 떠나기를 청할 수 없었다. 제나라에 오래 머문 것은 내 뜻이 아니었다."

제5장

만장 상

1.

만장萬章[77]이 물었다.

"순임금이 밭에 가서 하늘을 부르며 울부짖으셨는데, 왜 그러신 겁니까?"

맹자가 말했다.

"원망하고 사모해서다."

만장이 말했다.

"부모가 사랑해주면 기뻐하고 잊지 말아야 하고, 부모가 미워하면 더욱 노력하고 원망해서는 안 되는 것인데 순임금은 원망했다는 것입니까?"

"장식長息[78]이 공명고[79]에게 '순임금이 밭에 간 이유에 대해서는 제가 가르침을 알아들었습니다. 그런데 하늘을 부른 것과 울면서 부르짖은 것에 대해서는 제가 잘 모르겠습니다'라고 했다. 이에 공명고가 '그것은 네가 이해할 수 있는 것이 아니다'라고 했다. 공명고는 '효자의 마음은 이처럼 무심할 수 없다. 나는 힘을 다해 밭을 갈아 공손히 자식된 직분을 할 따름이고, 부모님이 나를 사랑하지 않는 것이 무슨 죄가 될 것인가'[80] 하고 여긴 것이다.

임금(帝, 요임금)께서 자녀 9남 2녀에게 백관과 소, 양 그리고 곡식(倉廩)을 갖추어 밭두둑 가운데서 순을 섬기게 하시니 천하의 선비들 가운데 찾아오는 이가 많았다. 그러자 요임금이 천하의 인심을 살펴 제위를 물려주려 했지만 순은 (이에 아랑곳하지 않고) 부모의 뜻을 따르지 못한 것 때문에 마치 돌아갈 곳이 없는 궁색한 사람처럼 여기셨다. 천하의 선비들이 (자기에게) 심복하는 것은 누구나 원하는 일이다. 그런데 (순은) 그것으로 근심을 풀 수 없었다. 아름다운 여색은 누구나 원하는 것이다. 그런데 (순은) 요임금의 두 딸을 아내로 삼았건만 근심을 풀 수 없었다. 부유함은 누구나 원하는 것이다. 그런데 (순은) 천하의 부를 소유했건만 근심을 풀 수 없었다. 귀함 또한 누구나 원하는 것이다. 그런데 (순은) 천자라는 귀한 신분이 되었건만 근심을 풀지 못했다. 남들이 열복하는 것, 아름다운 여색, 부유함, 귀함으로 근심을 풀지 못하고 오직 부모의 뜻에 따르는 것으로만 근심을 풀 수 있었다.

사람들은 어릴 때는 부모를 생각하다가 여자를 알고 나면 젊고 예쁜 여자를 생각하고, 처자를 두게 되면 처자를 생각하고, 벼슬하게 되면 군주를 생각하고, 〔나아가〕 군주에게 신임을 얻지 못하면 마음속에 불이 나는 법이다. 〔그러나〕 대효大孝〔순임금〕께서는 종신토록 부모를 사모했으니, 나이 쉰이 되도록 부모를 사모하는 것을 위대한 순임금에게서 보았노라."

2.

만장이 물었다.

"《시경》〔〈제국풍齊國風〉, 남산南山 편〕에서 '장가들려면 어떻게 해야 하는가?/반드시 어버이께 고해야지'라고 했습니다. 이 말을 믿는다면 순임금은 합당하지 않은 듯합니다. 순임금이 부모께 고하지 않고 장가 든 것은 어째서입니까?"

맹자가 말했다.

"부모에게 고하면 장가를 들 수 없었기 때문이다. 남녀가 한방에 거처하는 것은 인간의 큰 윤리이다. 만일 부모에게 고했다면 인간의 큰 윤리를 저버리게 되어 부모를 원망했을 것이므로 고하지 않았다."

만장이 말했다.

"순이 고하지 않고 장가든 것에 대해서는 이제 제가 가르침을 받았습니다만, 요임금께서 순에게 딸을 시집보내면서 순의 부모에게 고하지 않은 것은 어째서입니까?"

"요임금 또한 고하면 딸을 시집보내지 못할 것을 아셨기 때문이다."

만장이 말했다.

"순의 부모가 순으로 하여금 곳집을 손질하게 하고는 사다리를 치웠고 이어서 고수瞽瞍〔순의 아버지〕가 창고에 불을 질렀고, 순에게 우물을 파게 하고는 순이 나오려 하자 흙을 덮어버렸다고 합니다. 그러고 나서 상象〔순의 이복동생〕이 '도군都君〔순〕[81]을 생매장하려 도모한 것은 모두 나의 공이다. 소와 양은 부모의 몫이요, 창고와 곳집도 부모 몫이지만, 간과干戈〔무기〕는 나의 것이요, 거문고도 나의 것이요, 활도 나의 것이요, 두 형수도 나의 집을 다스리게 하겠다' 하고는 순의 집〔宮〕에 들어갔는데 순이 평상에서 거문고를 타고 있었다고 합니다. 상이 '울적한 마음으로 도군을 그리워했습니다'라고 하면서 부끄러워했다고 합니다. 〔후에 천자가 된 다음에〕 순이 '너는 나의 여러 신하들을 다스리라'라고 했다고 합니다. 한데 잘 모르겠습니다. 순은 상이 자신을 죽이려 했던 것을 몰랐습니까?"

"어찌 몰랐겠는가? 상이 근심하면 〔순〕 또한 근심하고, 상이 기뻐하면 〔순〕 또한 기뻐했는데."

"그렇다면 순은 거짓으로 기뻐한 것입니까?"

"아니다. 옛날에 정鄭나라 자산子産〔정나라 대부 공손교公

孫僑)에게 살아 있는 물고기가 선물로 들어왔다. 자산이 교인校人〔연못 관리인〕으로 하여금 그것을 연못에서 기르게 했는데 교인은 그것을 삶아 먹어버렸다. 그리고 복명하기를 '처음에 고기를 놓아주자 비틀비틀하더니 금세 씩씩해져서 유유히 헤엄쳐갔습니다' 하니, 자산은 '제 살 곳을 찾았구나, 제 살 곳을 찾았구나' 했다. 교인이 나와서 '누가 자산을 지혜롭다 했는가? 내가 물고기를 삶아 먹어버렸는데도 자산은 제 살 곳을 찾았구나, 제 살 곳을 찾았구나라고 하니'라고 말했다. 그러므로 군자를 사리에 맞는 일로 속일 수는 있어도 도리가 아닌 것으로 속이기는 어렵다. 〔순 역시〕 저 상이 형을 사랑하는 도리로 왔다고 믿었기에 기뻐한 것이다. 어찌 거짓이겠는가?"

3.

만장이 물었다.

"상이 날마다 순을 죽이려는 시도를 일삼았는데도 순이 즉위하고 천자가 되었을 때 그를 추방한 것〔추방하는 데 그친 것〕은 어째서입니까?"

맹자가 말했다.

"그에게 봉작封爵을 주었는데 사람들이 '추방했다'고 하는 것이다."

만장이 말했다.

"순은 공공共工[82]을 유주에 유배하고, 환도驩兜를 숭산으로 추방하고, 삼묘三苗[83]를 삼위에서 죽이고, 곤鯀[84]을 우산羽山에 유폐시켰습니다.[85] 이 네 부류에게 죄를 주자 천하가 모두 복종했으니, 그것은 불인한 자들을 처벌했기 때문입니다. 상도 지극히 불인했는데 〔오히려〕 그를 유비有庳에 봉해주었다면 유비의 백성들은 무슨 죄입니까? 어진 사람도 실로 이와 같이 합니까? 타인의 경우는 죽이고 동생의 경우는 봉작하다니요?"

"어진 사람은 아우에게 노여움을 쌓아두지 않고 원망을 묵혀두지 않으며 그를 친애할 뿐이다. 그를 친하게 대한다면 그의 귀함을 바랄 것이고, 그를 사랑한다면 그의 부유함을 바랄 것이다. 그를 유비에 봉한 것은 그를 부귀하게 하고자 해서였다. 자신은 천자가 되었는데 아우는 필부로 있다면 아우를 친애했다고 할 수 있겠는가?"

"혹자들이 '추방했다'고 말하는 것은 무엇 때문인지 감히 묻겠습니다."

"상으로 하여금 그 나라에서 정사는 담당하지 못하게 하고, 천자의 관리로 하여금 나라를 다스리게 하고 〔상에게는〕 세금만을 거두게 했다. 그러므로 그를 '추방했다' 하는 것이다. 〔그런데 상이 정치에 관여하지 못하니〕 어찌 저 백성들에게 포악하게 할 수 있었겠는가? 그러나 〔순은〕 항상 그를 만나고 싶어 했다. 그러므로 아무 때나 오게 했으니, '조공할 시기가 아니더라도 정무로 유비의 군주로서 접견했다'고 하는 것은 바로 이를 이른다."

4.

〔맹자의 제자〕 함구몽咸丘蒙이 물었다.

"옛말에 '덕이 성대한 선비는 군주가 신하로 삼을 수 없고, 아비가 자식으로 삼을 수 없다'는 말이 있습니다. 그런데 '순이 남면南面[86]하고 계시거늘 요가 제후를 거느리고 북면北面하여 조회했고, 고수 또한 북면하여 조회했는데 순이 고수를 보고 불안하여 위축됨이 있었다' 하고, 공자께서 이에 대해 '이때에 천하가 매우 위태로웠다'라고 말했다 하는데, 잘 모르겠습니다만 이 말이 사실입니까?"

맹자가 말했다.

"아니다. 이것은 군자의 말이 아니고 제나라 동쪽 야인들의 말이다. 요가 늙어 순이 섭정한 것을 이르는 것이다. 〈요전堯典〉(《서경》, 〈순전舜典〉의 편명)에는 '〔순이〕 섭정한 지 28년 만에 방훈放勳〔요〕이 마침내 돌아가시니 백성들이 시부모를 잃은 듯이 여겨 삼년상을 지냈고, 사해에서는 팔음八音

의 연주가 멈추었다'라고 되어 있다. 그런데 공자께서는 '하늘에는 두 태양이 없고, 백성에게는 두 왕이 없다'라고 했다. 〔따라서〕 순이 이미 천자가 되어 천하의 제후들을 거느리고 요를 위해 삼년상을 치렀다면 이것은 천자가 둘인 것이다."

함구몽이 말했다.

"순이 요를 신하로 삼지 않은 것에 대해서는 이제 알아들었습니다. 그런데 《시경》〔〈소아〉, 북산北山 편〕에서 '온 하늘 아래 왕의 토지 아닌 것이 없으며/온 땅 안에 왕의 신하 아닌 자가 없다'라고 했습니다. 순이 이미 천자가 되고 나서 고수를 신하로 삼지 않은 것은 어째서인지 감히 묻습니다."

맹자가 말했다.

"이 시가 말하는 것은 그런 것이 아니다. 국사에 수고로워 부모를 봉양할 수 없자 '국사 아닌 것이 없거늘 나만 홀로 어질다 하여 수고롭구나'라고 말하는 것이다. 따라서 시를 해석하는 자는 글자〔文〕 그대로 해석하여 말귀〔辭〕를 해치지 말고, 말귀로 〔본래의〕 뜻〔志〕을 해치지 말고, 〔독자의〕 생각〔意〕을 〔작자의〕 뜻에 맞추어야만 시를 알 수 있는 것이다. 운한雲漢(《시경》, 〈대아〉의 편명)에서 '주나라의 남은 여민들 가운데/한 점 혈유孑遺가 없다' 했는데, 만일 말귀에만 머문다면 실제로 주나라에 남은 백성이 없어야 하는 것이다.

어버이를 높이는 것보다 더 지극한 효자는 없고, 천하로 봉양하는 것보다 더 지극하게 어버이를 높이는 것은 없다.

고수는 천자의 아버지가 되었으니 지극한 높임이고 순은 천하로 봉양했으니 지극한 봉양이다. 《시경》(〈대아〉, 하무下武 편)에서 '길이 효도하여 사모하니/효도하여 사모함이 모범이 되는구나!'라고 했으니, 이를 이름이다. 그리고 《서경》(〈대우모大禹謨〉 편)에서 '순이 공경히 섬겨 고수를 뵈올 적에 공경하고 두려워했는데, 고수 또한 순을 믿고 따랐다'라고 했는데, 이는 아버지도 자식을 마음대로 할 수 없음을 말한다."

5.

만장이 말했다.

"요가 천하를 순에게 주었다고 하는데 그런 일이 있었습니까?"

맹자가 말했다.

"아니다. 천자가 천하를 남에게 줄 수는 없다."

"그렇다면 순이 천하를 소유한 것은 누가 주어서입니까?"

"하늘이 주신 것이다."

"하늘이 주었다는 것은 구체적인 말씀으로 명한 것입니까?"

"아니다. 하늘은 말씀을 하지 않는다. 행실과 일로 보여줄 뿐이다."

"행실과 일로 보여준다는 것은 어떻게 하는 것입니까?"

"천자가 하늘에 사람을 천거할 수는 있지만 천자가 그 사람에게 천하를 줄 수는 없다. 제후가 사람을 천자에게 천거할 수는 있지만 천자로 하여금 그에게 제후를 주게 할 수는 없다. 대부가 사람을 제후에게 천거할 수는 있지만 제후로 하여금 그에게 대부를 주게 할 수는 없다. 옛날 요임금이 순을 하늘에 천거하니 하늘이 받아들였고, 백성들에게 드러내니 백성들이 받아들였다. 그러므로 하늘은 말씀하지 않고 행실과 일로 보여줄 뿐이라고 하는 것이다."

"하늘에 천거하니 하늘이 받아들였고, 백성들에게 드러내니 백성들이 받아들였다는 것은 어떤 것인지 감히 묻겠습니다."

"순으로 하여금 제사를 주관하게 함에 온갖 신이 흠향했으니 이것은 하늘이 받아들인 것이요, 순으로 하여금 일을 주관하게 함에 일이 잘 다스려져서 백성들이 편안했으니 이것은 백성들이 받아들인 것이다. 하늘이 받아들이고 백성들이 받아들였기 때문에 '천자가 천하를 남에게 줄 수는 없다'고 말하는 것이다. 순이 요를 28년 동안 도우셨으니 이는 사람이 할 수 있는 일이 아니고 하늘이 하신 일이다. 요가 붕어하시자 순이 삼년상을 마치고 요의 아들을 피하여 남하의 남쪽으로 가셨는데, 천하의 제후들 가운데 조회하는 자들이 요의 아들에게 가지 않고 순에게 가고, 옥사를 송사하는 자들이 요의 아들에게 가지 않고 순에게 가고, 덕을 노래하는 자들이 요의 아들을 노래하지 않고 순을 노래했다. 그러므로 '하늘이 하신 일'이라고 말하는 것이다. 그런 뒤에야 순은 수도로 가 천자의 지위에 나가셨는데, 만일 그가 요의 궁궐에 거하면서 요의 아들을 핍박했다면 그것은 찬탈이지 하늘이 주신 것이 아니다. 〈태서〉(《서경》의 편명)에서 '하늘은 우리 백성들이 보는 것을 통해 보며, 우리 백성들이 듣는 것을 통해 듣는다' 했으니 이를 두고 말한 것이다."

6.

만장이 물었다.

"사람들이 우임금에 이르러 덕이 쇠하여 현자에게 자리를 물려주지 않고 자식에게 물려주었다고 말하는데, 그런 일이 있었습니까?"

맹자가 말했다.

"아니다, 그렇지 않다. 하늘이 현자에게 주려 하면 현자에게 주고 하늘이 자식에게 주려 하면 자식에게 주는 것이다. 옛날에 순이 우를 하늘에 천거한 지 17년 만에 붕어하시자 우가 삼년상을 마치고 순의 아들을 피하여 양성陽城으로 가셨다. 그런데 요임금이 붕어한 후 요의 아들을 따르지 않고 순을 따랐듯이 천하 백성들이 우를 따랐다. 우가 익益[우의 섭정 신하]을 하늘에 천거한 지 7년 만에 붕어하시자 익이 삼년상을 마치고 우의 아들을 피하여 기산箕山 북쪽에 가 계셨는데, 조회하고 옥사를 송사하는 자들이 익에게 가지 않고 계啓[우의 아들]에게 가서는 '우리 임금의 아들'이라고 말했고, 덕을 노래하는 자들이 익을 노래하지 않고 계를 노래하면서 '우리 임금의 아들'이라고 했다.

[요의 아들] 단주丹朱도 어질지 못했고[不肖] 순의 아들도 불초한 데다가 순이 요를 도운 것과 우가 순을 도운 것이 여러 해여서 백성들에게 그 은택이 오랫동안 베풀어졌다. 계는 어진 데다가 우의 도를 공경하여 승계할 수 있었다. [익이] 우를 도운 것은 햇수가 짧아 백성들에게 은택이 그리 오래 베풀어지지 않았다. 순, 우, 익의 섭정이 오래되고 오래되지 않은 것과 그 자식이 어질고 어질지 못함은 모두 하늘에 달린 것이요, 사람이 할 수 있는 바가 아니다. 그렇게 하지 않았는데도 그렇게 되는 것이 하늘이 하는 바[天]요, 이르게 하지 않았는데도 이르는 것이 명命이다.

필부로서 천하를 소유하자면 덕이 반드시 순, 우와 같아야 하고 또 천자에 의해 천거되어야 한다. 그래서 중니께서는 [천하를] 소유하시지 못했다. 대를 이어 천하를 소유할 때 하늘이 폐하는 것은 반드시 걸이나 주와 같은 경우다. 그래서 익과 이윤〔탕의 명신〕과 주공〔周公〕이 천하를 차지하지 못한 것이다.

이윤은 탕을 도와 천하에 왕도정치를 펴게 했다. 그런데 탕 임금이 붕어하신 뒤 태정太丁〔탕의 장자〕은 즉위하지 못하고 죽었고, 외병外丙〔태정의 아우〕은 2년 동안 재위했고, 중임仲任〔태정의 아우〕은 4년 동안 재위했다.87 〔그리하여 임금의 자리를 계승하게 된〕 태갑太甲〔태정의 아들〕이 탕 임금의 떳떳한 법을 전복시키는 일이 생기자 이윤은 그를 동桐에 3년 동안 추방시켰다. 그러자 태갑은 잘못을 뉘우치고 스스로를 원망하고 스스로를 다스리면서 3년 동안 동에서 인에 살고 의를 실천하여 이윤이 자기에게 훈계한 것을 따르게 되었다. 이에 다시 〔은나라의 초기 수도〕 박毫으로 돌아올 수 있었다.

주공이 천하를 소유하지 못한 것은 하나라의 익이나 은나라의 이윤의 경우와 같다.

공자께서는 '당우唐虞〔당은 요, 우는 순의 국명〕는 선양했고 하, 은, 주는 〔가계家系로〕 계승했지만, 그 뜻은 똑같다' 했다."

7.

만장이 물었다.

"사람들이 말하기를 이윤이 고기를 썰어 삶아서 탕 임금에게 등용되기를 추구했다 하는데 그런 일이 있었습니까?"

맹자가 말했다.

"아니다, 그렇지 않다. 이윤이 유신有莘의 들판에서 밭을 갈면서도 요순의 도를 좋아하여, 의가 아니고 도가 아니면 천자 직위를 준다고 해도 돌아보지 않았고, 천사千駟〔네 마리 말이 끄는 수레〕의 말을 매어놓아도 돌아보지 않았으며, 의가 아니고 도가 아니면 지푸라기 하나도 남에게 주지 않았고 지푸라기 하나도 남에게서 취하지 않았다.

탕 임금이 사람을 시켜서 폐백을 갖춰 이윤을 초빙했는데도 〔이윤은〕 당당하게 '탕의 초빙 폐백을 받는 것이 어찌 밭두둑 가운데서 이대로 요순의 도를 즐기는 것만 하겠는가?' 했다. 탕 임금이 세 번이나 사람을 보내 초빙하자 〔이윤은〕 이윽고 완전히 마음을 바꿔 '내가 밭두둑 가운데서 이대로 요순의 도를 즐기는 것이 어찌 이 군주를 요순과 같은 군주로 만드는 것보다 나으며, 어찌 이 백성을 요순의 백성으로 만드는 것보다 낫겠는가? 어찌 그것이 이루어지는 것을 직접 보는 것만 하겠는가? 하늘이 이 백성을 만드실 때 먼저 안 사람으로 하여금 늦게 아는 사람을 깨우치게 하고, 먼저 깨

달은 사람으로 하여금 늦게 깨닫는 사람을 깨우치게 했다. 나는 하늘이 낸 백성 가운데 선각자이니, 장차 이 도로써 이 백성들을 깨우칠 것이다. 내가 이들을 깨우치지 않는다면 누가 하겠는가?' 했다.

〔이윤은〕'천하의 백성 가운데 필부와 필부라도 요순의 혜택을 입지 못하는 자가 있으면 마치 자신이 그를 밀어 도랑 가운데 처넣은 것'처럼 생각했다. 그가 천하의 중요한 임무를 자임自任함이 이와 같았다. 그러므로 탕 임금에게 나아가 설득하여 하나라를 정벌하게 함으로써 백성을 구제한 것이다.

나는 '스스로 잘못을 저지르면서 남을 바로잡았다'는 말을 듣지 못했다. 하물며 자신을 욕되게 하여 천하를 바로잡을 수 있겠는가?

성인의 행실은 똑같지 않다. 혹자는 멀리 떠나가고 혹자는 가까이서 군주를 모시며, 혹자는 떠나고 혹자는 떠나지 않았으나 그 귀결은 자기 몸을 깨끗이 하는 것일 뿐이다.

나는 요순의 도로써 탕에게 요구했다는 말은 들었어도 고기를 삶아서 요구했다는 말은 듣지 못했다. 〈이훈伊訓〉(《서경》, 〈상서〉의 편명)에서 '하늘의 주벌이 시작되어 목궁牧宮〔걸의 궁전 이름〕을 공격했으니, 내가 〔탕의 도읍지〕 박에서 시작했다'라고 했다.”

8.

만장이 물었다.

"어떤 사람이 '공자께서 위나라에서는 옹저癰疽[88]를 주인
으로 삼으셨고 제나라에서는 내시 척환瘠環[89]을 주인으로 삼
으셨다' 하는데, 이런 일이 있었습니까?"

맹자가 말했다.

"아니다, 그렇지 않다. 일을 좋아하는 사람들이 지어낸 말
이다.

〔공자께서〕 위나라에 계실 때는 〔어진 대부〕 안수유顔讐由
를 주인으로 삼으셨는데, 〔총신 미자하彌子瑕〕 미자彌子의 아
내가 자로의 아내와 자매 사이였다. 미자가 자로에게 '공자
께서 나를 주인으로 삼으시면 위나라에서 경의 직위를 얻을
수 있으리라' 하자 자로가 이 말을 〔공자께〕 고했다. 공자께
서는 '명에 달린 것이다' 했다. 공자께서는 나갈 때 예로써 하
고 물러날 때 의로써 했을 뿐 〔직위를〕 얻고 얻지 못하는 것
은 '명에 달려 있다' 했으니, 만일 옹저와 내시 척환을 주인으
로 삼으셨다면 이것은 의도 없고 명도 없는 것이다.

공자께서 노나라와 위나라에 머무는 것을 좋아하지 않으
셔서 노나라, 위나라를 떠나게 되었다. 송나라 환사마桓司馬
〔사마환퇴司馬桓魋〕가 기다렸다가 공자를 죽이려 하는 통에
미복으로 송나라를 지나가실 만큼 공자께서 곤액을 당했는

데, 그때 사성정자司城貞子라는 진후陳侯 주周의 신하 된 자를 주인으로 삼으셨다.

나는 〔공자께서〕 '근신近臣〔국내 관료〕을 관찰할 때는 누구의 주인이 되는가를 기준으로 삼고, 원신遠臣〔제후〕을 관찰할 때는 누구를 주인으로 삼는가를 기준으로 삼으라' 하시는 말을 들었다. 만일 공자께서 옹저와 내시 척환을 주인으로 삼으셨다면 어찌 공자라 할 수 있겠는가?"

9.

만장이 물었다.

"혹자가 말하기를, 백리해百里奚[90]는 스스로 진나라의 희생용 가축을 기르는 자에게 팔려가서 다섯 마리 양의 가죽을 바치고 소를 먹여 진秦나라 목공穆公〔기원전 659~기원전 621 재위〕에게 등용되기를 추구했다 하는데, 이것이 사실입니까?"

맹자가 말했다.

"아니다, 그렇지 않다. 일 만들기 좋아하는 자들이 지어낸 말이다. 백리해는 우나라 사람으로서, 진晉나라 사람이 〔옥 생산지〕 수극垂棘에서 생산된 구슬과 〔말 양육 지역〕 굴屈에서 생산된 필마를 가지고 우나라의 길을 빌려 괵虢나라를 정벌

하려 할 때 〔우나라의 현신〕궁지기宮之奇는 말렸으나[91] 백리
해는 말리지 않았다. 백리해는 우의 군주가 말릴 수 없는 인
물임을 알고 떠나 진秦나라로 갔는데 이때 이미 일흔이었다.

소를 먹여 진나라 목공에게 등용되기를 추구하는 일이 더
러운 행위인 줄 일찍이 몰랐다면 그를 지혜롭다 할 수 있겠
는가? 우공虞公이 말릴 수 없는 인물임을 알고서 말리지 않은
것이 지혜롭지 못하다고 할 수 있겠는가? 우공이 망할 줄을
알고 먼저 그곳을 떠난 것에 대해 지혜롭지 못하다고 할 수
없다. 당시 진나라에 등용되어 목공이 더불어 도를 행할 만
한 인물임을 알고 그를 도왔으니 지혜롭지 않다고 할 수 있
겠는가? 진나라를 도와 그 군주를 천하에 드러내어 후세에
전할 만하게 했으니, 어질지 못하다면 이렇게 할 수 있겠는
가? 스스로 팔려가 군주를 이뤄주는 것은 향당에서 자기 지
모를 아끼는 자들도 하지 않는 일인데 하물며 현자가 이런
짓을 했다고 하겠는가?"

제6장

만장 하

1.

맹자가 말했다.

"백이는 눈으로는 나쁜 빛을 보지 않고 귀로는 나쁜 소리를 듣지 않아서, 섬길 만한 군주가 아니면 섬기지 않고 백성답지 않으면 부리지 않았다. 그래서 치세에는 나아가고 난세에는 물러나서, 나쁜 정치가 행해지는 곳과 나쁜 백성들이 거주하는 곳에서는 참고 살지 않았다. 그는 향인鄕人들과 더불어 사는 것을 마치 관복과 관모를 걸친 채 도탄에 빠져 있는 것처럼 생각했다. 그래서 주의 통치기를 만나 북해 가에 살면서 천하가 맑아지기를 기다렸다. 그러므로 백이의 풍도風道를 들은 자들이라면 완악한 사내는 청렴해지고 나약한 사내는 뜻을 세우게 되었다.

이윤은 '누구를 섬긴들 군주가 아니며 누구를 부린들 백성이 아니겠는가?'라고 말하면서 치세에도 나아가고 난세에도 나아갔다. 그는 '하늘이 백성들을 내실 때 먼저 안 사람으로 하여금 늦게 아는 사람을 깨우쳐주게 했고, 선각자로 하여금 늦게 깨닫는 자를 깨우쳐주게 했다. 나는 하늘이 낸 백성 가운데 선각자이니 도로써 백성을 깨우치겠다' 했다. 그래서 천하의 백성 가운데 한 사람의 필부필부라도 요순의 은택을 입지 못하는 자가 있으면 마치 자기가 그를 도랑 속으로 떠밀어 넣은 것처럼 생각했다. 이는 [스스로를] 천하의 중요한 존재로 자임한 것이다.

유하혜는 비루한 군주를 섬긴다고 해서 부끄러워하지 않았고, 낮은 벼슬도 사양하지 않았다. 출사해서는 자신의 어짊을 숨기지 아니하여 반드시 도리대로 했고, 출사하지 못해도 원망하지 않았으며, 곤궁에 처해도 걱정이 없었다. 향인들과 더불어 살면서도 유유했으며 차마 그들을 떠나지 못했다. 또한 '너는 너이고 나는 나이니 [네가] 비록 옆에서 옷을 걷어붙인다 한들 네 어찌 나를 더럽히겠는가?' 했다. 그러므로 유하혜의 풍도를 들은 자들이라면 비루한 사내는 너그러워지고 야박한 사내는 인심이 후해졌다.

공자께서는 제나라를 떠날 적에 불려놓은 쌀조차 건져서 떠났지만 노나라를 떠날 적에는 '떨어지지 않는구나, 떨어지지 않는구나, 내 발걸음이여'라고 했다. 그것은 부모의 나라를 떠나는 도리였기 때문이니, 속히 떠나야 하면 속히 떠나고, 오래 머물러야 하면 오래 머물고, 은둔해야 하면 은둔하고, 벼슬해야 하면 벼슬한 이가 공자셨다.”

또 맹자가 말했다.

“백이는 성인 가운데 청렴[淸]의 대표요, 이윤은 성인 가운데 자임[任]의 대표요, 유하혜는 성인 가운데 조화[和]의 대표요, 공자께서는 성인 가운데 시중[時. 시의 적절함]의 대표시다.

공자를 집대성集大成[합주]이라 이르는데, 집대성이란 징[金]으로 소리를 퍼뜨리고 편경[玉]으로 거두는 것이기 때문이다. '징으로 소리를 퍼뜨린다'는 것은 조리條理[음악의 연주 차례]를 시작함이요, '편경으로 거둔다'는 것은 조리를 끝내는 것이다. 조리를 시작하는 것은 지智의 일이요, 조리를 끝내는 것은 성聖의 일이다. 비유하자면 지는 기교에 해당하고, 성은 힘으로 백 보 밖에서 활을 쏘는 것에 해당한다. 즉 화살이 과녁까지 도달하는 것은 그대의 힘에 의해서지만 과녁에 맞는 것은 그대의 힘에 의해서가 아니기 때문이다.”

2.

[衛위나라 관직자] 북궁의北宮錡가 물었다.

“주나라 왕실의 관직 반열은 어떠했습니까?”

맹자가 말했다.

"상세한 내용은 듣지 못했소. 제후들이 자신들에게 해가 될까 우려해 모든 전적을 없애버렸기 때문이오. 그러나 그 대략에 대해서는 들은 적이 있소.

〔주권을 지닌 통치자는〕천자天子 한 단위, 공작〔公〕한 단위, 후작〔侯〕한 단위, 백작〔伯〕한 단위, 자작〔子〕과 남작〔男〕한 단위씩으로 모두 다섯 등급이 있었소.

〔일국의 통치 단위 내에는〕군주〔君〕한 단위, 경卿 한 단위, 대부大夫 한 단위, 상사上士 한 단위, 중사中士 한 단위, 하사下士 한 단위로 모두 여섯 등급이 있었소.

천자의 영토는 사방 천 리, 공작과 후작은 모두 사방 백 리, 백작은 70리, 자작과 남작은 50리로 모두 네 등급이 있었소. 채 50리가 안 되는 나라는 천자와 직접 통하지 못하고 제후에게 부속되었는데, 이것을 부용국附庸國이라고 하오.

천자국의 경우 경이 받는 토지가 후작의 토지와 같고, 대부가 받는 토지가 백작의 토지와 같고, 원사元士가 받는 토지가 자작과 남작의 토지와 같소.

대규모 제후국〔大國〕의 영토는 사방 백 리라오. 군주는 경이 받는 녹봉의 열 배를 받았고, 경은 대부의 네 배, 대부는 상사의 두 배, 상사는 중사의 두 배, 중사는 하사의 두 배가 되는 녹봉을 받았소. 하사와 관직을 가진 서인庶人은 녹봉이 같았는데, 그가 경작하는 소득을 대신하기에 충분했소.

다음 제후국의 영토는 사방 70리요. 군주는 경이 받는 녹봉의 열 배를 받았고, 경은 대부의 세 배, 대부는 상사의 두 배, 상사는 중사의 두 배, 중사는 하사의 두 배가 되는 녹봉을 받았으며, 하사와 관직을 가진 서인은 녹봉이 같았는데, 그가 경작하는 수입을 대신하기에 충분했소.

소국의 영토는 사방 50리요. 군주는 경이 받는 녹봉의 열 배를 받았고, 경은 대부의 두 배, 대부는 상사의 두 배, 상사는 중사의 두 배, 중사는 하사의 두 배가 되는 녹봉을 받았으며, 하사와 관직을 가진 서인은 녹봉이 같았는데, 그가 경작하는 소득을 대신하기에 충분했소.

경작자의 소득에 대해 말하자면 성인 남자에게 백 묘의 땅을 주는 것이 기준이라오. 백 묘를 경영하면 최상 농부는 아홉 명을 먹여 살릴 수 있고, 준상 농부는 여덟 명을 먹여 살릴 수 있고, 중농부는 일곱 명을 먹여 살릴 수 있고, 준중 농부는 여섯 명을 먹여 살릴 수 있고, 하농부는 다섯 명을 먹여 살릴 수 있었소. 관직을 가진 서인은 이에 따라 차등을 두었소."

3.

만장이 물었다.
"감히 벗에 대해 묻겠습니다."
맹자가 말했다.

"나이가 많은 것을 내세우지 않고, 신분이 귀한 것을 내세우지 않고, 형이나 아우를 내세우지 않고서 벗하는 것이다. 벗한다는 것은 그 사람의 덕을 벗하는 것이니 내세우는 것이 있어서는 안 된다.

〔노나라 경卿〕 맹헌자孟獻子는 백승百乘의 대부 집안 출신으로 다섯 명의 벗이 있었다. 악정구樂正裘, 목중牧仲 그리고 나머지 세 사람의 이름은 잊어버렸다. 맹헌자가 이 다섯 사람과 벗할 적에 이 벗들은 맹헌자의 집안을 의식하지 않았다. 이 다섯 사람이 맹헌자의 집안을 의식했다면 맹헌자는 이들과 벗하지 못했을 것이다.

백승의 대부만이 그런 것이 아니라 소국의 군주 중에도 그러한 예가 있다. 비費의 혜공惠公은 '나는 자사子思를 스승으로 섬기고, 안반顔般을 벗으로 대하며, 왕순王順과 장식長息은 나를 섬기는 자들이다'라고 했다.

소국의 군주만 그런 것이 아니라 대국의 군주 중에도 그러한 예가 있다. 진晉나라의 평공平公〔기원전 557년~기원전 532년 재위〕은 〔친구인〕 해당亥唐이 '들어오라' 하면 들어가고 '앉으라' 하면 앉았으며, '먹으라' 하면 먹었다. 비록 거친 밥과 나물국일지라도 배불리 먹지 않은 적이 없었는데, 감히 배불리 먹지 않을 수 없었기 때문이다. 그러나 여기서 그칠 뿐 그와 함께 천위天位를 누리지 않았고, 천직天職을 다스리지도 않았으며, 천록天祿을 먹지도 않았다.[92] 이것은 선비가 현자를 높이는 방법이지 왕공王公이 현자를 높이는 방법이 아니다.

순이 상경하여 요임금을 알현하자, 요임금은 사위인 순을 별실[貳室]에 머물게 해놓고는 순에게 음식을 대접받기도 하고 밥을 대접하기도 하면서 번갈아 빈주賓主가 되셨다. 이 것은 천자로서 필부와 벗한 것이었다.

아랫사람이 윗사람을 공경하는 것을 '귀한 신분을 귀하게 대한다[貴貴]'고 하고 윗사람이 아랫사람을 공경하는 것을 '현자를 높인다[尊賢]'고 한다. 귀한 신분을 귀하게 대하는 것과 현자를 높이는 것은 똑같은 뜻이다."

4.

만장이 물었다.

"교제交際는 어떤 마음으로 하는 것인지 감히 여쭙겠습니다."

맹자가 말했다.

"공손한 마음으로 한다."

"[예물을] 물리치는 것에 대해 공손하지 못하다고 하는 것은 어째서입니까?"

"존귀한 자가 예물을 주는데 받는 자가 '이것을 취하는 것이 의에 맞는가, 맞지 않는가?'를 따진 다음 의에 맞아야 받는 것을 공손하지 못하다고 한다. 따라서 물리쳐서는 안 된다."

"청컨대, 말로 하지 않고 속으로 '이것은 백성들에게 의롭지 못하게 취한 것이다'라고 생각하여 물리치지만 말로는 다른 구실을 삼아 받지 않는 것은 불가한지요?"

"도로써 사귀고 예로써 접대하면 공자도 받으셨다."

만장이 말했다.

"지금 어떤 사람이 나라의 성문 밖에서 남을 가로막고 강도질을 하다가 도로써 사귀고 예로써 준다면 강도질한 물건을 받아도 됩니까?"

"안 된다. 〈강고康誥〉(《서경》의 편명)에서 '재물 때문에 사람을 죽여 쓰러뜨릴 만큼 완강하여 죽음을 두려워하지 않는 사람이라면 모두 원망하지 않는 이가 없다' 했으니, 이런 자들은 굳이 가르치려 하지 않고 죽여야 할 자이다. 어찌 그것을 받을 수 있겠는가?"

"방금 제후들이 백성들에게서 강도질하듯 거두어들인 것을 '예로써 접대하면 군자도 받는다' 했으니 무슨 말씀인지 감히 묻겠습니다."

"그대가 생각하기에 왕자가 나온다면 지금의 제후들을 모조리 몰아서 죽이겠는가? 가르쳐서 고치지 않은 뒤에 죽이겠는가? 자기 소유가 아닌 것을 취하는 자들을 '도적'이라 이르는 것은 이런 유의 성격을 극단적으로 말한 것으로 뜻을 분명히 하기 위함인 것이다. 공자께서 노나라에서 벼슬하실 적에 노나라 사람들이 엽교獵較[93]를 하자 공자 또한 엽교를 했다. 엽교도 오히려 가하거늘 하물며 주는 것을 받지 않겠는가?"

"그렇다면 공자께서 벼슬하신 것은 도에 종사하기 위해서가 아니었습니까?"

"도에 종사하신 것이다."

"도에 종사하시면서 어찌 엽교를 했습니까?"

"공자께서 먼저 〔엽교에서 잡은 토산 희생물을 제기祭器에 올리는 것이 지역에서 나지 않는 희귀 산품을 올리는 것보다 옳다고 보아 토산물을 기준으로〕 제기 문서를 바로잡고 〔대신〕 사방의 귀한 음식을 공급하지 못하도록 하신 것이다."

"〔공자께서는〕 어찌하여 떠나지 않으셨습니까?"

"실례를 보이신 것이다. 충분할 만큼 실례를 보여도 도가 행해지지 않으면 그다음에 떠났다. 그런데도 3년을 채우도록 지체하시는 곳이 없었다. 공자께서는 도를 행하는 것이 가능한 벼슬을 하신 적이 있었고, 교제가 가능한 벼슬을 하신 적이 있었고, 공양公養[94]의 벼슬을 하신 적이 있었다. 계환자季桓子[95]에게서는 도를 행하는 것이 가능하다고 보아 벼슬을 했고, 위衛 영공靈公〔기원전 534~기원전 493년 재위〕에게서는 교제〔예〕가 가능하다고 보아 벼슬을 했고, 위 효공孝公[96]에게서는 공양公養이 가능하다고 보아 벼슬을 했다."

5.

맹자가 말했다.

"벼슬을 하는 것이 가난 때문은 아니지만 때로는 가난 때문인 경우가 있다. 아내를 얻는 것이 봉양 때문은 아니지만 때로는 봉양 때문인 경우도 있다. 가난 때문에 벼슬하는 자는 높은 자리를 사양하고 낮은 자리에 처해야 하고, 많은 녹봉을 사양하고 적은 녹봉을 받아야 한다. 높은 자리를 사양하고 낮은 자리에 처하며 많은 녹봉을 사양하고 적은 녹봉을 받는 일로 무엇을 해야 마땅한가? 관문關門을 안고 목탁을 치는 일 따위가 그런 것이다. 공자께서는 위리委吏[97]가 되셨을 때는 '회계를 마땅히 할 뿐이다'라고 말했고, 승전乘田[98]이 되셨을 때는 '소와 양을 잘 키울 뿐이다'라고 했다. 지위가 낮은데 직책을 넘어서는 말을 하는 것도 죄이고, 조정에 서서 도가 행해지지 않는 것도 부끄러운 일이다."

6.

만장이 말했다.

"선비가 제후에게 의탁하지 않는 것은 어째서입니까?"

맹자가 말했다.

"감히 의탁하지 못하는 것이다. 제후가 나라를 잃은 뒤에 제후에게 의탁하는 것은 예이고, 선비가 제후에게 의탁하는 것은 예가 아니다."

만장이 말했다.

"군주가 곡식을 주면 받습니까?"

"받는다."

"받는다는 것은 무슨 뜻입니까?"

"군주는 백성을 진실로 구휼〔周〕해야 하기 때문이다."

"구휼하면 받고 하사〔賜〕하면 받지 않는 것은 어째서입니까?"

"감히 받지 못하는 것이다."

"감히 받지 못하는 것은 어째서인지 감히 묻겠습니다."

"관문을 안고 목탁을 치는 자들조차 모두 일정한 직책을 갖고 있어서 위로부터 녹을 먹는 것이다. 일정한 직책도 없으면서 위로부터 하사받는 것을 '공손하지 못하다'라고 하는 것이다."

"군주께서 '구휼하면 받는다' 하시니 잘 모르겠습니다. 늘 받아도 되는 것입니까?"

"목공繆公이 자사를 자주 문안하고 삶은 고기를 자주 보내왔다. 자사가 마침내 불쾌해하면서 손을 내저으며 사신을 대문 밖으로 내보낸 다음, 북면하여 머리를 조아려 재배하고는 받지 않았다. 그러고는 '지금 이후로 〔계속 주신다면〕 군주께서 저 급仮을 개와 말로서 기르는 줄 알겠습니다'라고 했다. 이후 물건이 오지 않았다. 현자를 좋아한다면서 등용하지도 않고 공양조차 못한다면 현자를 좋아한다고 할 수 있겠는가?"

"나라의 군주가 군자를 공양하고자 한다면 어찌해야 올바른 공양이라고 할 수 있는지 감히 묻겠습니다."

"군주의 명에 따라 [사신이] 예물을 가져오면 신하는 재배하고 머리를 조아리며 받는 법이다. 그러나 그 뒤에는 창고지기가 곡식을 공급하고 푸줏간 사람이 고기를 공급해야지 매번 군주의 명으로 갖다주는 법이 아니다. 자사가 생각하기를 '삶은 고기가 자기로 하여금 번거롭게 자주 절하게 만드니 군자를 봉양하는 예가 아니다'라고 한 것이다.

요임금은 순에게 아홉 아들한테 순을 섬기게 하고 두 딸을 순에게 시집보냈으며, 또 백관과 소, 양, 곡식 등을 갖추어 순을 밭두둑 가운데서 봉양하게 했다가 나중에 등용하여 윗자리에 올려놓으셨다. 그러므로 이것을 '왕공王公이 현자를 높이는 방법'이라고 한다."

7.

만장이 말했다.

"선비들이 제후를 만나보지 않는 것은 무슨 의리입니까?"

맹자가 말했다.

"도성에 있는 자에게는 '저잣거리의 신료(市井之臣)'라고 하지 않으면서 초야에 있는 자에게는 '시골의 신(草莽之臣)'이라고 하는데 이는 서민(庶人)을 말하는 것이다. 서민은 폐백을 올려 신하가 되지 않는 한 감히 제후를 만나지 않는 것이 예이다."

만장이 말했다.

"서민들은 군주가 불러 부역을 시키면 그대로 하면서, 군주가 만나고자 하여 부르면 가서 만나지 않는데 어째서 그렇습니까?"

"가서 부역하는 것은 옳은 일(義)이지만 가서 군주를 만나는 것은 옳은 일이 아니기 때문이다. 그런데 군주가 그를 만나고자 하는 까닭이 무엇인가?"

"그가 식견이 많고 어질기 때문입니다."

"식견이 많기 때문이라면 천자도 스승을 부르지 않는 법이다. 하물며 제후들이 부를 수 있겠는가! 어질기 때문이라면 현자를 만나고자 하면서 '불렀다'는 말을 나는 아직 들어보지 못했다. 옛날에 노나라 목공繆公이 자주 자사를 만나서 '옛날에는 천승千乘(제후국)의 군주가 선비와 벗하는 것이 어떠했습니까?'라고 묻자 자사가 불쾌해하면서 '옛사람의 말에 섬긴다고 했을지언정 어찌 벗한다고 했겠습니까?' 했다.

자사가 불쾌하게 여긴 것은 '지위로 보면 그대는 군주요 나는 신하이니, 내 어찌 감히 군주와 벗할 수 있으며, 덕으로 보면 그대는 나를 섬기는 자이니 어찌 나와 더불어 벗할 수 있으리오?'라고 생각한 까닭이 아니겠는가? 천승의 군주가 더불어 벗하고자 하는 것도 옳지 않거늘 하물며 함부로 만나러 오라고 부를 수 있겠는가!

제나라 경공景公이 사냥할 적에 〔산림 관리자〕 우인虞人을 〔꿩 깃털을 단 깃발〕 정旌으로 불렀는데 오지 않자 죽이려 했다. 〔이에 공자께서〕 '지사志士는 시신이 구렁에 뒹구는 것을 잊지 않고 용사勇士는 머리가 달아나는 것을 잊지 않는다'고 했다. 공자께서는 우인에게서 어떤 점을 취했는가? 자기를 부르는 표시가 아니기 때문에 가지 않은 점을 취하신 것이다."

"그럼 우인은 무엇으로 부르는 것입니까?"

"피관皮冠〔사냥할 때 쓰는 가죽 모자〕을 사용한다. 서민에게는 '전旃〔통비단으로 된 깃발〕'을 사용하고, 사士에게는 기旂〔두 마리 용이 그려진 깃발〕를 사용하고, 대부에게는 〔앞에서 말한〕 정旌을 사용한다. 그런데 대부를 부르는 것으로 우인을 불렀으니 우인이 죽을지언정 감히 가지 못했다. 사를 부르는 표시로 서민을 불렀다면 서민이 감히 갈 수 있겠는가? 하물며 어질지 못한 사람을 부르는 방법으로 현자를 부르는데 어찌 갈 수 있겠는가? 현자를 만나고자 하면서 도로써 하지 않는 것은 문으로 들어가고자 하면서 문을 닫는 것과 같다.

무릇 의는 사람이 걸어가야 할 길이요, 예는 사람이 출입하는 문이다. 오직 군자만이 이 길을 따를 수 있고, 이 문으로 출입할 수 있다. 《시경》(〈대아〉, 동東 편)에서 '넓은 길(周道)은 평탄하기가 숫돌 같고 곧기가 화살 같구나. 통치자는 실천하고, 백성은 모범으로 삼는다'라고 했노라."

만장이 말했다.

"공자께서는 군주가 명하여 부르면 가마를 기다리지 않고 가셨다고 하는데, 그렇다면 공자께서 잘못한 것입니까?"

"공자께서는 당시 관직을 맡고 있었고, 〔군주가〕 그 관직으로 부른 것이었다."

8.

맹자가 만장에게 일렀다.

"한 고을의 선사善士라야 한 고을의 선사와 벗할 수 있고, 일국의 선사라야 일국의 선사와 벗할 수 있고, 천하의 선사라야 천하의 선사와 벗할 수 있다. 천하의 선사와 벗하는 것에 만족하지 못하면 또다시 위로 올라가서 옛사람을 논한다. 그런데 옛사람의 시를 외우고 옛사람의 글을 읽으면서도 정작 그 옛사람을 알지 못한다면 말이 되는가? 이 때문에 그 사람의 시대를 논하는 것이다. 이것이 바로 옛사람과 벗하는 법이다."

9.

제 선왕이 경 직위에 대해 물었다. 맹자가 말했다.

"왕께서는 어떤 경에 대해 물으시는 것입니까?"

왕이 말했다.

"경에도 다른 경이 있습니까?"

"같지 않습니다. 〔왕실 종친〕 귀척貴戚의 경이 있으며 이성異姓의 경이 있습니다."

왕이 말했다.

"귀척의 경에 대해 알려주소서."

"군주에게 큰 과오가 있으면 간하고, 반복해서 간해도 군주가 듣지 않으면 군주의 자리를 바꿉니다."

왕이 발끈하여 얼굴색이 변했다.

"왕께서는 괴이하게 여기지 마소서. 왕께서 물으셨기에 신이 감히 바른말로 대답하지 않을 수 없었습니다."

왕이 얼굴빛이 안정된 다음에 이성의 경에 대해 물었다.

〔맹자가 말했다.〕

"군주에게 잘못이 있으면 간하고, 반복해서 간해도 군주가 듣지 않으면 떠나가는 것입니다."

제 7 장

진심 상

1.

맹자가 말했다.

"자기의 마음을 다하면 자기의 본성(性)을 알고, 자기의 본성을 알면 하늘을 안다. 자기의 마음을 보존하여 자기의 본성을 기르는 것이 하늘을 섬기는(事天) 도리다. 요절할 것인지 장수할 것인지를 의심하지 않고 수신修身함으로써 기다리는 것이 명을 세우는 방법이다."

2.

맹자가 말했다.

"명 아닌 것이 없지만, 자기에게 주어진 바른 명을 따라서 받아들여야 한다. 이런 까닭으로 명을 아는 자는 〔무너질 것 같은) 바위나 담장 아래 서 있지 않는다. 자기의 도를 다하고 죽는 것이 정명正命이요, 질곡으로 죽는 것은 정명이 아니다."

3.

맹자가 말했다.

"찾으면 찾아지고 찾지 않으면 잃어버린다. 찾아서 찾아지는 것은 내 안에 있는 것을 찾기 때문이다. 찾는 데는 도가 있고 찾아지는 데는 명이 있다. 찾아도 찾아지지 않는 것은 밖에 있는 것을 찾기 때문이다."

4.

맹자가 말했다.

"만물이 모두 나에게 갖추어져 있다. 스스로를 돌이켜보아 진실되면 즐거움이 이보다 클 수 없다. 힘써 서恕[99]를 행하고 인을 추구하는 것이 (자신을 돌이켜보아 진실되는 것에) 가장 가깝다."

5.

맹자가 말했다.

"〔도를〕 행하면서도 드러내지 못하고, 〔도에〕 익숙해 있으면서도 살피지 못하는구나. 죽을 때까지 따르면서도 도를 알지 못하는 사람들이 많구나."

6.

맹자가 말했다.

"사람에게 부끄러움이 없어서는 안 된다. 부끄러워할 줄 모르는 것을 부끄러워한다면 부끄러울 일이 없을 것이다."

7.

맹자가 말했다.

"사람에게 부끄러움은 매우 중요하다. 임기응변으로 기교를 부리는 자는 부끄러움을 쓸 일이 없다. 사람이 남과 같지 못함을 부끄러워할 줄 모르면 무엇이 남과 같으리오?"

8.

맹자가 말했다.

"옛날의 어진 왕들은 선을 좋아하고 세勢를 잊었는데, 옛날의 어진 선비들만 어찌 유독 그렇지 않았겠는가? 옛 선비들역시 그 도를 즐기고 사람의 세를 잊었다. 그러므로 왕공王公이 경敬을 행하고 예를 다하지 아니하면 자주 만날 수 없었다. 자주 만나지도 못하는데 하물며 그를 신하로 삼을 수 있었겠는가?"

9.

맹자가 송구천宋句踐[100]에게 일렀다.

"그대가 유세를 좋아하는가? 내가 그대에게 유세에 대하여 말하리라. 남이 알아주더라도 스스로 만족하고 남이 알아주지 않더라도 스스로 만족해야 한다."

"어떻게 해야 스스로 만족하는 것입니까?"

"덕을 높이고 의를 즐기면 스스로 만족하는 것이다. 그렇기 때문에 선비는 출사하지 못해도[窮] 의를 잃지 아니하고출사해도[達] 도를 떠나지 아니하는 것이다. 출사하지 못해도 의를 잃지 않는 까닭에 선비는 자기를 이루고, 출사해도 도를 떠나지 않는 까닭에 백성은 희망을 잃지 않는 것이다. 옛사람이 벼슬길에 나가면 백성에게 은택을 더하고, 벼슬길에 나가지 못하면 수신으로 자신을 세상에 드러내는 것이다. 출사하지 못하면 스스로 독선獨善하고, 출사하면 천하 사람들과 함께 겸선兼善하는 것이다."

10.

맹자가 말했다.

"문왕을 기다린 다음에 일어나는 자는 평범한 백성이요, 호걸스러운 선비는 비록 문왕이 없더라도 여전히 일어난다."

11.

맹자가 말했다.

"한나라〔韓家〕와 위나라〔魏家〕를 준다고 하더라도 스스로 하찮게 여길 줄 안다면 남보다 훨씬 뛰어난 사람이다."[101]

12.

맹자가 말했다.

"〔백성들을〕 편안하게 하기 위한 방편으로 백성들을 부리면 〔백성들이〕 비록 수고롭더라도 원망하지 않는다. 〔백성들을〕 살리기 위한 방편으로 백성들을 죽이면 〔백성들이〕 비록 죽더라도 죽인 자를 원망하지 않는다."

13.

맹자가 말했다.

"패도정치하의 백성들은 기뻐하고 즐거워한다. 왕도정치하의 백성들은 자득함이 넓고 크다. 그 백성들이 죽어도 원망하지 않고 이롭게 하고도 공치사하지 않기 때문에, 백성이 날마다 개과천선해도 누가 그렇게 만들었는지 알지 못한다. 무릇 군자가 지나는 곳마다 교화되고 군자가 사는 곳마다 신령스러워져서 상하가 천지와 함께 흐르니 어찌 조금 보탬이 된다고 하겠는가?"

14.

맹자가 말했다.

"인자한 말은 인자하다는 명성이 사람들에게 깊이 파고드는 것만 못하다. 선정善政은 백성들의 마음을 얻는 선교善教만 못하다. 선정은 백성들이 두려워하지만 선교는 백성들이 사랑하기 때문이고, 선정은 백성들의 재산을 얻지만 선교는 백성들의 마음을 얻기 때문이다."

15.

맹자가 말했다.

"사람이 배우지 않고도 잘할 수 있는 것을 '양능良能'이라 하고, 헤아리지 않고도 아는 것을 '양지良知'라고 한다. 두세 살짜리 어린애도 자기 부모를 사랑할 줄 알고, 커서는 자기 형을 공경할 줄 모르는 이가 없다. 부모를 부모답게 모시는 것이 인이요, 어른을 공경하는 것이 의이니, 이것이 바로 천하에 보편적인 것이다."

16.

맹자가 말했다.

"순이 깊은 산중에 살 적에 나무나 돌과 함께 지냈고, 사슴과 멧돼지와 함께 노니는 것은 깊은 산속의 야인과 별로 다르지 않았지만, 선언善言 한마디만 들어도, 선행善行 하나만 보아도 마치 강과 내를 터놓은 듯이 시원하여 막을 수가 없었다."

17.

맹자가 말했다.

"하지 말아야 할 것을 하지 않고, 원하지 말아야 할 것을 원하지 않아야 한다. 이와 같을 따름이다."

18.

맹자가 말했다.

"덕의 지혜〔德慧〕와 기술의 지혜〔術知〕를 가진 사람은 항상 괴로운 고민 속에 있다. 그 가운데서도 특히 외로운 신하나 서자들은 위태로움을 생각하여 조심하고, 깊이깊이 걱정하고 근심한다. 그러므로 사리에 통달하게 되는 것이다."

19.

맹자가 말했다.

"군주를 섬기는 자가 있다. 이 사람이 군주를 섬기는 목적은 〔군주에게〕 인정받고 사랑받기 위해서다.

사직을 안정시키려는 신하가 있다. 사직이 안정되는 것을 기쁨으로 삼는 자이다.

자연인〔天民〕[102]인 자가 있다. 영달하여 온 천하에 도를 행할 수 있게 되면 그 도를 행하는 자이다.

대인大人도 있다. 자기를 바르게 하여 만물도 바르게 되는 자이다."

20.

맹자가 말했다.

"군자에게는 세 가지 즐거움이 있는데, 천하의 왕 노릇을 하는 것은 여기에 해당하지 않는다. 부모가 모두 생존해 있

고 형제가 무고한 것이 첫 번째 즐거움이요, 위로는 하늘에
부끄럽지 않고 아래로는 다른 사람에게 부끄럽지 않은 것이
두 번째 즐거움이요, 천하의 영재를 얻어 교육하는 것이 세
번째 즐거움이다. 군자에게는 세 가지 즐거움이 있는데, 천
하의 왕 노릇을 하는 것은 여기에 해당하지 않는다."

21.

맹자가 말했다.

"군자도 영토를 넓히고 백성들을 늘리는 것을 이루고자 한
다. 그러나 군자의 즐거움은 여기에 있지 않다. 군자는 천하
의 한가운데 선 왕자가 되어 사해의 백성을 안정시키는 것을
즐긴다. 그러나 군자의 본성은 여기에 있지 않다. 군자의 본
성은 〔그가 영달하여 도가〕 크게 행해지더라도 더 보태지지
않고, 〔그가〕 궁색한 데 거처하더라도 줄어들지 않는다. 몫이
정해져 있기 때문이다. 군자의 본성인 인·의·예·지는 마음
속에 뿌리를 둔 것으로, 그것이 형색을 갖추어 나타나게 되
면 낯빛에 윤기가 돌고, 등에 〔인의예지의 본성이〕 넘쳐흐르
며, 팔다리에도 베풀어져서 팔다리가 굳이 말하지 않아도 저
절로 넘쳐 행해지는 것을 깨닫게 된다."

22.

맹자가 말했다.

"주를 피하여 북해 가에 살고 있던 백이가 문왕이 일어났다는 말을 듣고 흥분하면서 '내 어찌 돌아가지 않겠는가? 나는 서백西伯[103]이 늙은이를 잘 봉양한다는 말을 들었다' 했고, 태공〔강태공〕도 주를 피하여 동해 가에 살고 있다가 문왕이 일어났다는 말을 듣고 흥분하면서 '어찌 돌아가지 않으리오? 나는 서백이 늙은이를 잘 봉양한다는 말을 들었다' 했다. 천하에 늙은이를 잘 봉양하는 자가 있으면 어진 사람들은 그를 자기가 돌아갈 곳으로 삼았던 것이다.

다섯 묘의 택지 담장 아래 뽕나무를 심어 아낙이 누에를 치면 늙은이가 비단옷을 넉넉하게 입을 수 있다. 다섯 마리의 어미 닭과 두 마리의 어미 돼지를 기르는데 새끼 칠 때를 놓치지 않으면 늙은이가 넉넉하게 고기를 먹지 못할 때가 없을 것이다. 백 묘의 토지를 사내들이 경작한다면 여덟 가구의 사람들이 굶주리지 않을 것이다.[104]

서백이 늙은이를 잘 봉양했다는 것은 그 전리田里를 제정해주어[105] 뽕나무를 심고 가축을 기르도록 가르치고, 처자를 인도하여 그들로 하여금 노인을 잘 봉양하게 했다는 말이다. 쉰 살에는 비단옷이 아니면 따뜻하지 않고, 일흔 살에는 고기가 아니면 배부르지 않다. 따뜻하지 않고 배부르지 않다는 것은 얼고 굶주린다는 것을 이른다. 문왕의 백성 가운데 얼고 굶주린 늙은이가 없다는 것은 바로 이를 말한다."

23.

맹자가 말했다.

"전답을 잘 경작하게 하고 세금을 적게 거두면 백성들을 부유하게 만들 수 있다. 제철에 먹게 하고 예법대로 쓰게 한다면 재물을 이루 다 쓸 수 없을 것이다. 백성들은 물이나 불 없이는 살 수 없다. 그런데도 어두운 저녁에 남의 문을 두드리면서 물이나 불을 구하러 오는 자가 있을 때 주지 않는 이가 없는 것은 그것이 지극히 풍족하기 때문이다. 성인이 천하를 다스리면 백성들로 하여금 콩이나 곡식을 물이나 불처럼 흔하게 할 것이다. 콩이나 곡식이 물이나 불처럼 흔하다면 어찌 어질지 못한 백성들이 있겠는가?"

24.

맹자가 말했다.

"공자께서는 동산106에 올라가 노나라를 작다고 여기셨고,

태산[107]에 올라가 천하를 작다고 여기셨다. 그러므로 바다를 구경한 사람은 소소한 물을 물이라 하기 어렵고, 성인의 문하에서 공부한 자는 보통의 학설을 학설로 간주하기 어려운 법이다. 물을 관찰하는 데는 방법이 있으니 반드시 여울목을 보아야 한다. 해와 달은 밝음을 가지고 있어 그 빛을 받아들이는 곳에는 반드시 비춰준다. 흐르는 물은 웅덩이가 있을 때 반드시 채우지 않고는 흘러가지 않는 법이다. 도에 뜻을 둔 군자가 〔스스로 수양하여〕 빛을 내지 않으면 통달할 수 없다."

25.

맹자가 말했다.

"닭이 울면 일어나서 부지런히 선행을 하는 자는 순임금의 무리요, 닭이 울면 일어나서 부지런히 이익을 추구하는 자는 도척盜蹠[108]의 무리다. 순임금과 도척을 구별하고자 한다면 이익과 선행의 차이 외에는 다른 것이 없다."

26.

맹자가 말했다.

"양자楊子[109]는 '자기를 위하는 것'을 주장했으니, 깃털 하나 뽑아서 천하가 이롭더라도 그렇게 하지 않았다. 묵자墨子[110]는 '사랑을 겸하는 것'을 주장했으니, 이마를 갈아 닳아서 발꿈치가 되더라도 천하에 이롭다고 생각하면 행했다. 자막子莫[111]은 그 중간을 주장했다. 중간을 주장하는 것이 도에 가깝기는 하지만 중간을 고집하면서 [최선의 선택이 무엇인지] 저울질하지 않는다면 한쪽을 고집하는 것과 마찬가지다. 한쪽을 고집하는 것을 미워하는 까닭은 그것이 도를 해치기 때문이다. 그것은 한 가지만 취하고 나머지 백 가지는 폐하는 것이 된다."

27.

맹자가 말했다.

"굶주린 자는 달게 먹고, 목마른 자는 달게 마신다. 그러나 이는 음식의 바른 맛을 모르는 것이다. 굶주림과 목마름이 입맛을 해쳤기 때문이다. 굶주림과 목마름으로 인한 해가 어찌 입과 배에만 있겠는가? 마음에도 [굶주림과 목마름으로 인한) 해가 있는 것이다. 굶주리고 목말라도 마음의 해가 없을 수 있다면 〔부귀영화가〕 남보다 못하다고 해서 걱정할 필요는 없을 것이다."

28.

맹자가 말했다.
"유하혜는 삼공三公 벼슬로도 그의 절개를 바꾸지 않았다."

29.

맹자가 말했다.
"〔인의를〕 행하는 것은 우물을 파는 것에 비유될 수 있다. 우물을 아홉 길[112] 팠더라도 샘에 이르지 못하고 그만둔다면 우물을 파지 않은 것과 같다."

30.

맹자가 말했다.

"요순은 〔인을〕 본성대로 했고, 탕무湯武는 실천했다. 그러나 오패五霸113는 〔인을〕 가장했다. 〔그들이〕 오래도록 가장하고서 돌이킬 줄 모르니 어찌 자신의 것이 아님을 알겠는가?"

31.

공손추가 말했다.

"'의리에 따르지 못하는 자를 참고 볼 수 없다 하여 이윤이 태갑을 동桐으로 추방하니 백성들이 크게 기뻐했다. 그러나 다시 태갑이 어질게 되자 돌아오게 하니 백성들이 또 크게 기뻐했다'고 하는데, 현자라고 하면서 신하 된 처지에서 그 군주께서 어질지 못하다고 하여 굳이 군주를 추방해도 되는 것입니까?"

맹자가 말했다.

"이윤의 의지가 있으면 가능하지만 이윤의 의지가 없으면 찬탈이다."

32.

공손추가 말했다.

"《시경》(〈위국풍魏國風〉, 벌단伐檀 편)에서 '공밥을 먹지 않는다네/공도 없이 녹을 먹지 않는다네'라고 했는데 군자가 밭을 갈지 않고 먹고사는 것은 어째서입니까?"

맹자가 말했다.

"군자가 나라에 살 때 군주가 〔군자를〕 등용하면 나라가 편안해지고 부유해지고 높아지고 영화로워진다. 또 자제들이 그 군자를 따르면 그들이 효孝, 제悌, 충忠, 신信하게 된다. 공밥을 먹지 않는 것 가운데 이보다 더 큰 것이 어디 있겠는가?"

33.

〔제나라 선왕의 아들〕 왕자 점墊이 물었다.

"선비는 무슨 일을 합니까?"

맹자가 말했다.

"뜻을 높이는 일을 하지요."

"뜻을 높인다는 것은 무슨 말입니까?"

"인의를 높이는 것을 말하는 것일 뿐이지요. 한 사람이라

도 죄 없는 사람을 죽이는 것은 인이 아니고, 자기 것이 아닌
데도 취하는 것은 의가 아니지요. 어디에 거해야 할까요? 바
로 인이지요. 어디로 걸어가야 할까요? 바로 의이지요. 인에
거하고 의를 따른다면 대인의 할 일은 모두 구비된 것이지
요."

34.

맹자가 말했다.

"사람들은 '진중자陳仲子[114]는 제나라를 준다 해도 그것이
불의한 것이라면 받지 않을 것'이라고 모두 생각했다. 그러
나 그의 의는 한 그릇의 밥과 한 그릇의 국을 사양하는 정도
의 의일 뿐이다. 인간에게는 인륜보다 더 큰 것이 없다. 그러
나 그에게는 부자, 군신, 상하의 인륜이 없다. 그러니 어찌 그
가 작은 의를 지켰다고 해서 큰 의리도 지킬 것이라고 믿을
수 있겠는가?"

35.

〔맹자의 제자〕도응桃應이 물었다.

"순임금이 천자이고 〔명법관〕고요皐陶가 사士〔법관〕일 적에 〔순의 아버지〕고수瞽瞍가 살인을 했다면 어떻게 될까요?"

맹자가 말했다.

"법대로 집행할 뿐이다."

"그렇게 하면 순임금이 금하지 않겠습니까?"

"순임금이 어찌 금할 수 있겠는가? 전해져온 법도가 있는데."

"그렇다면 순임금은 〔자식 된 도리를〕 어떻게 하십니까?"

"순임금은 천하를 헌신짝처럼 버리고 〔고수를〕몰래 업고 도망가, 바닷가에 거처하면서 종신토록 즐거워하며 천하를 잊으셨을 것이다."

36.

범范에서 제나라로 간 맹자가 제나라 왕의 아들을 멀리서 보고는 탄식했다.

"거처가 〔사람의〕기상을 〔저렇게〕바꾸고, 봉양이 〔사람의〕몸을 〔저렇게〕바꿔놓는구나. 크도다, 거처의 영향이여! 모두 다 같은 사람의 자식이 아니던가?"

〔맹자가 말했다.〕

"왕자의 궁실과 거마, 의복 중에 남들과 같은 것이 많은데도 왕자만 저와 같이 빛나는 것은 그의 거처가 그렇게 만든 것이다. 그러니 천하에서 가장 넓은 거처〔廣居, 즉 인仁〕에 거하는 자야 말해 무엇하겠는가!

노나라 군주께서 송나라에 갔다가 질택垤澤의 성문에서 소리치자 성문지기가 '이 사람은 분명 우리 군주가 아니신데 우리 군주와 어찌 그리 음성이 같은가?' 했다. 이는 바로 거처가 비슷하기 때문이다."

37.

맹자가 말했다.

"먹이기만 하고 사랑하지 않으면 돼지로 대하는 것이요, 사랑하기만 하고 공경하지 않으면 〔애완용〕 동물로 기르는 것이다. 공경은 폐백을 갖추기 전에 이미 갖춰져 있어야 한다. 공경하되 진실되지 않으면 군자는 거기에 헛되이 얽매이지 않는다."

38.

맹자가 말했다.

"〔사람의〕형색은 타고나는 것이다. 그러나 오직 성인만이 그것을 지킬 수 있다."

39.

제나라 선왕이 삼년상을 단축하고자 했다. 이에 대해 공손추가 말했다.

"기년상〔일년상〕이라도 그만두는 것보다는 낫겠지요?"

맹자가 말했다.

"그대의 말은 어떤 사람이 형의 팔뚝을 비트는데도 그대가 '좀 살살 하라'고 말하는 것과 같구나. 그에게 효제孝悌로써 가르칠 뿐이다."

이번에는 어떤 왕자의 어머니가 죽었는데, 왕자의 스승이 왕자를 대신해 '몇 개월만이라도 상복을 입게 해달라'고 청하자 공손추가 말했다.

"이런 경우는 어떻습니까?"

"이는 〔왕자가〕삼년상을 마치고 싶어도 불가능한 경우이니, 비록 하루만 상복을 입더라도 아예 입지 않는 것보다 낫다. 〔지난번에는〕장애물이 없는데도 스스로 그만두려는 경우를 두고 한 말이다."

40.

맹자가 말했다.

"군자가 사람을 가르치는 방법에 다섯 가지가 있다. 때에
맞춰 내리는 비처럼 초목을 변화시키는 방법도 있고, 스스로
덕을 이루게 하는 방법도 있고, 각자의 재질을 통달시켜주는
방법도 있고, 질문에 대답하는 방법도 있고, (직접 스승에게
배우지 않아도) 사숙私淑하여 혼자 선하게 되는 방법도 있다.
이 다섯 가지가 군자의 교육 방법이다."

41.

공손추가 말했다.

"도는 높고 아름답습니다. 그러나 꼭 하늘에 오르는 것 같
아서 도저히 따라갈 수 없을 듯합니다. 어찌하여 (도를) 도달
가능한 것으로 만들어 우리로 하여금 날마다 부지런히 도에
힘쓰게 하지 않으셨습니까?"

맹자가 말했다.

"훌륭한 목수는 졸렬한 장인 때문에 먹줄과 먹통을 바꾸
거나 폐하지 않는다. (명사수) 예羿는 졸렬한 사수 때문에 활
당기는 비율을 바꾸지 않는다. 군자는 활을 당겼다가 쏠 듯

하면서도 쏘지 않는 자세로 힘차게 서 있을 뿐이다. 〔군자가〕
도에 맞게 서 있으면 가능한 사람은 따라 할 것이다."

42.

맹자가 말했다.

"천하에 도가 있을 때는 나를 도에 맞춘다. 천하에 도가 없
을 때는 내가 기준이 되어 〔세상의〕 도를 따라오게 한다. 도
를 지키는 자가 남을 따른다는 말은 내가 듣지 못했다."

43.

공도자가 말했다.

"〔등 문공의 아우〕 등경滕更이 〔선생님의〕 문하에 있을 적
에 예로써 대하셔야 했을 것 같은데 그의 물음에 답하지 않
으신 것은 어째서입니까?"

맹자가 말했다.

"귀한 신분을 내세우며 묻는 사람, 어짊을 내세우며 묻는
사람, 연장자임을 내세우며 묻는 사람, 공로를 내세우며 묻
는 사람, 연고를 내세우며 묻는 사람에게는 모두 대답하지

않는 법이다. 등경은 이 가운데 두 가지〔귀함과 어짊〕를 내세
웠다."

44.

맹자가 말했다.

"그만두어서는 안 될 때 그만둔다면 그만두지 못하는 일이
없을 것이요, 후대할 사람에게 박대하면 박대하지 않는 일이
없을 것이다. 성급하게 나아가는 사람은 후퇴 또한 빠르다."

45.

맹자가 말했다.

"군자는 사물에 대해서는 아끼기는〔愛〕 해도 어질게 대하
지는 않고, 백성에 대해서는 어질게〔仁〕 대하기는 해도 친하
게〔親〕 대하지는 않는다. 육친을 친하게 대하고 백성을 어질
게 대하며, 백성을 어질게 대하고 사물을 아껴야 한다."

46.

맹자가 말했다.

"지자知者라면 모르는 것이 없겠으나, 마땅히 힘써야 할 일부터 급선무로 여겨야 한다. 인자仁者라면 사랑하지 않는 이가 없겠으나 어진 이를 친하게 대하는 일부터 급선무로 여겨야 한다. 요순과 같은 지자조차도 온갖 만물을 두루 돌보지는 못했는데, 이는 먼저 힘쓸 일부터 급히 했기 때문이다. 요순과 같은 인자조차도 천하 사람을 두루 사랑하지는 못했는데, 이는 어진 이부터 친하게 대하는 것을 급선무로 여겼기 때문이다. 삼년상〔부모상〕도 제대로 치르지 못하면서 시마복〔3개월 복의 친척상〕과 소공복〔5개월 복의 친척상〕은 잘 살핀다든지, 스스로는 밥을 마구 떠먹고 국을 후루룩 마시면서 남더러는 마른 고기를 이로 자르지 말라고 따지는 행위, 이런 것들을 두고 '급선무를 모른다'고 한다."

제8장

진심 하

1.

맹자가 말했다.

"인하지 못하도다, 양나라 혜왕이여! 인자는 사랑하는 사람을 대하는 마음을 사랑하지 않는 사람에게까지 미치지만, 불인한 자는 사랑하지 않는 사람을 대하는 마음을 사랑하는 사람에게까지 미치는구나."

공손추가 말했다.

"무슨 말씀이십니까?"

"양나라 혜왕은 영토 때문에 백성을 부스러기로 하여 싸우게 만들어 크게 패했고, 그러고 나서도 다시 싸우려 했는데 이기지 못할까 두려워 사랑하는 자제들까지 내몰아 죽게 만들었다. 이를 두고 사랑하지 않는 자〔적들〕를 대하는 마음으로 사랑하는 자를 대했다고 하는 것이다."

2.

맹자가 말했다.

"춘추시대[115]에는 의로운 전쟁이란 없었다. 다만 '저 전쟁보다 이 전쟁이 좀 낫다' 할 만한 전쟁이 있었을 뿐이다.

정벌이라는 것은 윗사람이 아랫사람을 치는 것이다. 대등한 사람끼리는 서로 정벌하지 못하는 법이다."

3.

맹자가 말했다.

"《서경》의 내용을 모두 믿는다면 차라리 《서경》이 없는 것만 못하다. 나는 〈무성武成〉 편과 관련해서는 두서너 쪽만 취할 뿐이다.[116]

인자에게는 천하에 대적할 자가 없는 법이다. 그런데 지극한 인[무왕]으로 지극한 불인[주 임금]을 정벌했는데 어찌 '그 피가 방패를 흠뻑 적실 정도로 싸웠다'고 하는가?"

4.

맹자가 말했다.

"어떤 사람이 '나는 진陣을 잘 치고, 전쟁도 잘한다'고 말한다면 그는 큰 죄인이다. 나라의 임금이 인을 좋아하면 천하에 그를 대적할 자가 없는 법이다. 〔탕왕이〕 남쪽을 정벌하면 북쪽 오랑캐가 원망하고, 동쪽을 정벌하면 서쪽 오랑캐가 원망하면서 '어찌 우리를 늦게 정벌하시는가?' 했다. 무왕이 은나라를 정벌할 때 〔은나라의〕 전차〔革車〕가 3백 대였고 호분虎賁〔정예 부대〕이 3천 명이었다. 무왕이 '두려워하지 말라. 너희 백성들을 편안히 하려는 것이지 대적하려는 것이 아니다' 했으니 〔은나라 사람들이〕 마치 짐승이 뿔을 땅에 대듯이 머리를 조아렸다.

정征이라는 말은 '바로잡는다'는 뜻이다. 각기 자기를 바로잡아주는데 어찌 싸우겠는가?"

5.

맹자가 말했다.

"목수나 수레 제작자가 남에게 규구規矩117를 가르칠 수는 있을지언정 그로 하여금 솜씨를 터득하게 할 수는 없다."

6.

맹자가 말했다.

"순임금이 마른밥을 먹고 채소를 먹을 때는 마치 그대로 삶을 마치실 듯했다. 그러나 천자가 되어 비단옷을 입고 거문고를 뜯으면서 두 여자[요임금의 두 딸]의 시중을 받게 되어서는 원래 그렇게 살아온 사람 같으셨다."

7.

맹자가 말했다.

"나는 이제야 남의 아버지를 죽이는 것이 얼마나 중대한 일인지 알았다. 남의 아버지를 죽이면 남도 나의 아버지를 죽이고, 남의 형을 죽이면 남도 나의 형을 죽인다. 그렇다면 내가 직접 아버지나 형을 죽이지 않았을 뿐 [내가 죽인 것과] 한 치의 차이도 없는 셈이다."

8.

맹자가 말했다.

"옛날에 관문을 만든 목적은 포악한 짓을 막고자 해서였는데, 지금 관문을 만드는 목적은 포악한 짓을 하기 위해서구나."

9.

맹자가 말했다.
"스스로 도를 행하지 않으면 아내나 자식에게도 인정받지 못하고, 남을 부리는 일에서도 도리에 맞지 않으면 아내나 자식조차 부릴 수 없다."

10.

맹자가 말했다.
"이익에 완벽한 자는 흉년도 그를 죽일 수 없고, 덕성에 완벽한 자는 나쁜 세상도 그를 어지럽힐 수 없다."

11.

맹자가 말했다.
"명예를 좋아하는 자라면 천승의 나라를 사양할 수도 있겠지만, 진실로 사양하는 자가 아니라면 밥 한 그릇과 국 한 그릇에도 내색하기 마련이다."

12.

맹자가 말했다.
"어질고 현명한 이를 믿어서 등용하지 않으면 나라가 텅비게 된다. 예의가 없으면 상하 질서가 어지러워진다. 정치를 제대로 하지 못하면 재용이 넉넉하지 못하게 된다."

13.

맹자가 말했다.
"인하지 못하고서 나라를 얻은 자는 있어도, 인하지 못하고서 천하를 얻은 자는 없다."

14.

맹자가 말했다.

"백성이 가장 귀하고, 사직이 다음이고, 군주는 가장 가볍다.

이런 까닭에 일반 백성(丘民)의 마음을 얻으면 천자가 되었고, 천자의 신임을 얻으면 제후가 되었고, 제후의 신임을 얻으면 기껏 대부가 되었던 것이다.

제후가 사직을 위태롭게 만들면 그 제후를 갈아치운다. 제물로 바치는 희생육이 이미 마련되고 제물로 바치는 곡식도 이미 정갈하게 준비되어 제때 제사를 지내는 데도 가뭄이 들고 홍수가 나면 사직을 바꾸어 설치한다."

15.

맹자가 말했다.

"성인은 백세百世의 스승이니 백이와 유하혜가 그들이다. 그러므로 백이의 풍도를 들은 자는 완악한 사내가 청렴해지고 나약한 사내가 뜻을 세우게 되며, 유하혜의 풍도를 들은 자는 경박한 사내가 돈후해지고 비루한 사내가 너그러워진다. 백세 전에 일어난 유덕자이지만 백세 후에 그 풍도를 들

은 자들 가운데 분발하지 않는 이가 없구나. 성인이 아니고
서야 이와 같을 수 있겠는가? 하물며 그들 가까이서 직접 배
운 사람은 말할 것이 있겠는가!"

16.

맹자가 말했다.
"인은 사람(人)이라는 뜻이니, 양자를 합해서 말하면 도이
다."

17.

맹자가 말했다.
"공자께서 노나라를 떠나실 적에 '떨어지지 않는구나, 떨
어지지 않는구나, 내 발걸음이여' 했으니, 이는 부모의 나라
를 떠나는 자의 도리다. 제나라를 떠나실 적에는 불려놓은
쌀을 건져서 떠나가셨으니, 이는 타국을 떠나는 자의 도리
다."[118]

18.

맹자가 말했다.

"군자(공자)께서 진陳나라와 채蔡나라 사이에서 곤액을 당했는데,[119] 그것은 그 나라 군주나 신하들과 교제가 없었기 때문이다."

19.

학계狢稽(당시의 관직자)가 말했다.

"저 稽는 많은 사람들에게서 욕을 먹습니다."

맹자가 말했다.

"상심하지 마오. 선비는 특히 구설수가 많은 법이오. 《시경》(〈패풍邶風〉, 백주柏舟 편)에 '마음의 걱정이 근심스럽고 근심스럽거늘/여러 소인배들에게 노여움까지 당한다네'라는 구절이 있는데, 바로 공자의 경우였소. 또한 '그들의 노여움을 없애지는 못했지만/그렇다고 나의 명성을 잃은 것은 아니라네'라는 구절도 있는데, 바로 문왕의 경우였소(《시경》, 〈대아〉, 면 편)."

20.

맹자가 말했다.
"옛날의 현자들은 자신의 밝음으로 남을 밝게 했는데, 지금은 자신의 어두움으로 남을 밝히려 하는구나."

21.

맹자가 [제자] 고자高子에게 일렀다.
"산길은 사람들이 다니기 시작하면 삽시간에 큰길이 되기도 하지만, 또 한동안 사람들이 다니지 않으면 도로 뒤덮인 잡초에 막혀버리기도 한다. 지금 너의 마음에도 뒤덮인 잡초가 꽉 차 있구나!"

22.

고자가 말했다.
"우임금의 음악이 문왕의 음악보다 낫습니다."
맹자가 말했다.
"무엇 때문에 그렇게 말하는가?"

"북의 꼭지가 닳았기〔追蠡〕 때문입니다."120

"어찌 그런 이유만으로 족히 닳았겠는가? 어찌 성문에 파인 수레바퀴 자국이 말 두 마리의 힘만으로 생긴 것이겠는가?"121

23.

제나라가 흉년이 들자 진진이 말했다.

"나라 사람들이 모두 '부자께서 다시 임금께 권하여 당읍棠邑의 창고에 있는 곡식을 풀어 〔백성들을〕 구제하게 만드실 것'이라고 기대하고 있습니다. 그러나 아마도 〔부자께서〕 그 일을 다시 하실 수는 없겠지요?"

맹자가 말했다.

"〔내가 다시 나선다면〕 그것은 바로 풍부馮婦 꼴이 된다. 진나라 사람 가운데 풍부라는 자가 있었다. 그는 맨손으로 범을 잘 때려잡던 사람인데, 후에 마침내 착한 선비가 되었다. 그가 어느 날 들판을 지나가는데 많은 사람들이 호랑이를 쫓고 있었다. 그러다가 호랑이가 산모퉁이를 등진 채 버티고 서자 아무도 감히 가까이 가지 못했다. 그때 사람들이 멀리서 풍부를 보고는 뛰어가 맞이했다. 풍부가 팔을 걷어붙이고 수레에서 내려오니 사람들이 모두 좋아했다. 그러나 선비들은 그의 행동을 비웃었다."

24.

맹자가 말했다.

"입이 맛을 아는 것, 눈이 색깔을 아는 것, 귀가 소리를 아는 것, 코가 냄새를 아는 것, 팔다리가 편안함을 아는 것은 본성〔性〕이다. 그러나 그것〔을 얻고 못 얻는 것〕이 명에 달려 있기에 군자는 이것을 본성이라 하지 않는다.

부자 사이의 인, 군신 사이의 의, 빈주 사이의 예, 현자의 지, 성인의 천도는 명이다. 그러나 그것〔을 실천하고 실천하지 못하는 것〕이 사람의 본성 속에 있기에 군자는 이것을 명에 달렸다고 하지 않는다."

25.

〔제나라 사람〕 호생불해浩生不害가 물었다.

"악정자는 어떤 사람입니까?"

맹자가 말했다.

"선인善人이고 신인信人이지요."

"어떤 사람을 선인이라 하고 어떤 사람을 신인이라 합니까?"

"사람들이 본받고 싶어 하는 사람을 '선인'이라 하고, 좋은 점을 스스로 지니고 있는 사람을 '신인'이라 하지요. 또 착한 일에 충실한 사람을 '미인美人'이라 하고, 아름다운 덕이 가득 차서 빛나는 사람을 '대인大人'이라 하며, 가득한 덕이 커서 남을 감화시키는 사람을 '성인聖人'이라 하고, 성스러워 알 수 없는 사람을 '신인神人'이라 하지요. 악정자에게는 이 가운데 두 가지가 해당하고, 네 가지는 아직 모자란다오."

26.

맹자가 말했다.

"묵적의 학설〔겸애주의〕에서 빠져나오면 반드시 양주의 학설〔위아주의〕로 돌아가고, 양주의 학설에서 빠져나오면 반드시 유학으로 돌아올 것이다.[122] 돌아오면 받아줄 뿐이다. 지금 양주나 묵적의 학자들과 변론하는 자들은 마치 뛰쳐나간 돼지를 뒤쫓듯이 몰아대고, 이미 우리로 돌아온 돼지를 뒤쫓아 발까지 묶는 식이다."

27.

맹자가 말했다.

"삼베와 비단세, 곡식세, 부역세가 있다. 군자는 이 가운데 한 가지만 채택하고 두 가지는 풀어준다. 두 가지를 함께 채택하면 백성들이 굶어 죽고, 세 가지 모두 채택하면 부자지간도 헤어져 흩어진다."

28.

맹자가 말했다.

"제후의 보배는 세 가지다. 토지, 인민, 정치다. 구슬을 보배로 여기는 제후는 반드시 재앙이 스스로에게 미칠 것이다."

29.

분성괄盆成括[123]이 제나라에서 벼슬을 했는데 맹자가 말했다.

"곧 죽을 것 같구나. 분성괄이!"

분성괄이 살해당했다. 문인들이 물었다.

"부자께서는 그가 살해당하리라는 것을 어떻게 아셨는지요?"

맹자가 말했다.

"그의 사람됨을 보건대 재주는 좀 있으나 군자의 대도大道를 알지 못했으니 스스로 죽음을 자초하기에 족하지."

30.

맹자 일행이 등나라에 가서 별궁[上宮]에 머무르고 있었는데 그 별궁의 창문 위에 삼던 신이 있었다. 별궁지기가 삼던 신을 찾았으나 찾지 못했다. 그러자 그자가 물었다.

"[당신네 일행이] 이와 같은 짓도 하는지요? 제자들이 숨긴 것 같군요."

맹자가 말했다.

"그대는 삼던 신이 없어졌다고 해서 [우리가] 신을 훔치러 왔다고 생각하는가?"

"그런 것은 아닙니다. 그러나 부자께서 [제자들에게] 가르침[科]을 베푸실 적에 지난날의 잘못을 두고 허물하지 않으시고, 누구든 찾아오면 막지 않아, 배우고자 하는 마음으로 오는 사람은 다 받아주십니다. [그러니 제자들 가운데 아직

과거의 버릇을 고치지 못한 이가 있을 수 있기 때문이지요.)"

31.

맹자가 말했다.

"사람들은 모두 '차마 외면하지 못하는 마음(所不忍)'을 가지고 있는데 그것을 '참는 마음(所忍)'에까지 도달하게 할 수 있으면 인이요, 사람들은 모두 '해서는 안 된다는 마음(所不爲)'을 가지고 있는데 그것을 '해야 하는 마음(所爲)'에까지 도달하게 할 수 있으면 의이다.

사람이 남을 해치지 않으려는 마음을 (끝까지) 확충할 수 있다면 인을 이루 다 쓰지 못할 것이다. 사람이 담 넘어 도둑질하지 않으려는 마음을 끝까지 확충할 수 있다면 의를 이루 다 쓰지 못할 것이다.

사람이 '야!'(爾)'라든가 '너!(汝)'라는 식의 푸대접을 받지 않으려는 마음을 (끝까지) 확충한다면 세상 어디서든 의롭지 않음이 없을 것이다.

선비가 해서는 안 될 말을 한다면 이는 말로 남에게 아첨하는 것이요, 해야 할 말을 하지 않는다면 이는 침묵으로 남에게 아첨하는 것이다. 이것은 모두 담 넘어 도둑질하는 것과 같다."

32.

맹자가 말했다.

"일상의 비근한 것을 말하면서도 그 뜻은 원대한 것이 선언善言이요, 지키기가 간단하면서도 그 시행의 혜택을 널리 미치는 것이 선도善道이다. 군자의 말은 눈앞의 것〔帶〕을 벗어나지 않으면서도 그 안에 도를 담고 있다. 군자가 지키는 것은 스스로를 수양하여 천하가 평안해지는 것이다.

그러나 사람들의 병폐는 자기 밭은 버려두고 남의 밭을 김매는 데 있으니, 남에게 요구하는 것은 막중하게 여기면서도 자기의 책임은 가볍게 여기는 태도다."

33.

맹자가 말했다.

"요임금, 순임금은 본성〔性〕대로 하신 분이고, 탕 임금, 무왕은 본성을 회복하신 분이다.

행동, 용모, 왕래, 응대가 모두 예에 맞는 사람은 덕이 가장 높은 경지에 있다. 죽은 자를 두고 곡하고 슬퍼하는 것은 산 자를 위해서가 아니다. 떳떳한 덕〔經德〕을 굽히지 않는 것은 녹봉을 구하기 위해서가 아니다. 말을 반드시 신뢰성 있게 하는 것은 행동을 바르게 하기 위해서가 아니다. 군자는 법도대로 행하고 나서 명을 기다릴 뿐이다."

34.

맹자가 말했다.

"대인〔권력자〕에게 유세할 적에는 그를 대수롭지 않게 여기고 그의 당당함을 의식해서는 안 된다. 축담 높이가 몇 길이나 되고, 서까래가 몇 자나 되는 〔집을 갖는〕 그런 짓을 나는 뜻을 이루더라도 하지 않을 것이다. 음식이 한 길이나 진열되는 밥상을 받고 수백 명의 시녀와 애첩들을 거느리는 짓, 그런 짓을 나는 뜻을 이루더라도 하지 않을 것이다. 마냥 술 마시고 말달리는 데 빠지거나 사냥터에 수천 대의 수레가 뒤따르는 짓, 그런 짓을 나는 뜻을 이루더라도 하지 않을 것이다. 그들이 하는 짓은 모두 내가 하지 않을 것이요, 내가 행할 것은 모두 옛 법이다. 내 어찌 그들을 두려워하겠는가?"

35.

맹자가 말했다.

"마음을 기르는 데는〔養心〕욕심을 줄이는 것보다 더 좋은 것이 없다. 사람됨에 욕심이 적은 사람은 비록 마음을 보존하지 못할 때가 있더라도 간혹 그럴 뿐이다. 사람됨에 욕심이 많은 사람은 비록 마음을 보존하는 때가 있더라도 간혹 그럴 뿐이다."

36.

〔증자의 아버지〕증석曾晳이 고염〔羊棗〕을 좋아해서 증자가 차마 고염을 먹지 못했다. 공손추가 물었다.

"날고기와 구운 고기와 고염 가운데 어느 것이 더 맛있습니까?"

맹자가 말했다.

"날고기나 구운 고기겠지."

공손추가 말했다.

"그렇다면 증자는 어찌하여 날고기나 구운 고기는 드시면서 고염은 드시지 않았습니까?"

"날고기나 구운 고기는 누구나 좋아하는 음식이지만 고염은 아버지가 좋아하는 독특한 것이기 때문이다. 이름은 함부로 부르기를 꺼리고 성은 부르기를 꺼리지 않으니, 성은 공유하는 것이고 이름은 고유하기 때문이다."

37.

만장이 물었다.

"공자께서 진陳나라에 계실 적에 '어찌 돌아가지 않으리오? 우리 마을의 선비들은 광간狂簡하고 진취적이기는 하지만 초심을 잃지 않는다' 했습니다. 그런데 공자께서는 진나라에 계시면서 어찌하여 노나라의 활달한 선비들을 생각하신 것입니까?"

맹자가 말했다.

"공자께서 '중도의 인물을 얻어 함께할 수 없다면 차라리 광견狂獧한 자와 함께하리라! 광狂한 자는 진취적이고, 견獧한 자는 〔해서는 안 되는 행동을〕 하지 않는 바가 있기 때문이다'라고 했다. 공자께서 중도의 인물을 얻고 싶지 않으셨겠는가마는, 반드시 그런 사람을 얻을 수 없기에 차선의 인물을 생각하신 것이다."

"어떤 사람이 광한 사람인지 감히 여쭙겠습니다."

"금장琴張, 증석曾晳, 목피牧皮 같은 자들이 공자께서 '광하다'고 평한 사람들이다."

"왜 '광'한 사람이라고 합니까?"

"뜻이 높고 커서 '옛사람이여, 옛사람이여!' 하지만, 그의 평소 행실을 살펴보면 자신의 말을 다는 실천하지 못하는 자들이기 때문이다. 그러나 〔공자께서는〕 이러한 광자狂者도

얻지 못하면, 더러운 짓은 하지 않는 선비를 얻어 함께하고자 했다. 이것이 견자獧者니, 광자 다음가는 사람이다."

"공자께서 '내 문 앞을 지나면서 내 집에 들어오지 않더라도 내가 유감스러워하지 않을 자는 바로 향원鄕原[124]이다. 향원은 덕을 해치는 자이다' 했는데, 어떤 사람을 향원이라 합니까?"

"왜 저렇게 잘난 척하는가? 말은 행실을 외면하고, 행실은 말을 외면하는데도 입만 열었다 하면 옛 성현이여, 옛 성현이여 하는구나', '어찌 혼자서만 도도하게 살아가는고? 이 세상에 태어났으면 세상과 어울려 사는 것이 좋은 것이지' 하면서 음흉하게 세상에 아첨하는 자가 바로 향원이다."

만장이 말했다.

"온 마을 사람들이 모두 그를 '점잖은 사람[原人]'이라고 한다면 그는 어디서든 '점잖은 사람' 노릇을 할 것입니다. 그런데도 공자께서 그를 일컬어 '덕을 해치는 자'라고 하신 것은 왜입니까?"

"비난하려 해도 비난할 것이 없고, 풍자하려 해도 풍자할 것이 없다. 유행하는 풍속에 동화하고 더러운 세상에 영합하면서도 충성스럽고 신뢰할 만한 사람인 것처럼 굴고 청렴결백한 듯이 행동하여 여러 사람에게 호감을 사니, 그래서 '스스로 옳다' 여기는 것이 요순의 도에 들어갈 길이 없다. 그러므로 '덕을 해치는 자'라고 하신 것이다. 공자께서는 '같은 듯하면서 아닌 것〔似而非〕을 싫어한다. 강아지풀을 싫어하는 것은 벼 싹을 어지럽힐까 걱정해서다. 아첨하는 자를 싫어하는 것은 의를 어지럽힐까 걱정해서다. 듣기 좋은 말을 잘하는 자를 싫어하는 것은 믿음을 어지럽힐까 걱정해서다. 정鄭나라 소리〔음란한 음악〕를 싫어하는 것은 바른 음악을 어지럽힐까 걱정해서다. 자주색을 싫어하는 것은 붉은색을 어지럽힐까 걱정해서다. 향원을 싫어하는 것은 덕을 어지럽힐까 걱정해서다' 했다. 군자라면 경도〔經, 떳떳한 도〕로 돌이킬 뿐이다. 경도가 바르게 되면 뭇 백성이 흥기하고, 뭇 백성이 흥기하면 사특함이 없어질 것이다."

38.

맹자가 말했다.

"요임금, 순임금에서 탕임금에 이르기까지는 5백여 년이다. 우와 고요皐陶는 요순 임금의 도를 직접 보고 알았고, 탕은 들어서 아셨다. 탕임금에서 문왕에 이르기까지는 5백여 년이다. 이윤과 내주萊朱는 탕임금의 도를 직접 보고 알았고, 문왕은 들어서 아셨다. 문왕에서 공자에 이르기까지는 5백여 년이다. 강태공 망望과 산의생散宜生은 문왕의 도를 직접 보고 알았고, 공자는 들어서 아셨다. 공자에서 오늘날까지는 백여 년이다. 성인(공자)과의 세대가 이와 같이 멀지 않고, 성인이 거주하신 곳이 이와 같이 가깝다. 그런데도 공자의 도를 보고 아는 사람이 아무도 없다. 그러니 후에 듣고서 알 사람 또한 없겠구나!"

해제

왕도정치,
조화로운 공존의 정치

1. 맹가, 새로운 세상을 설계하다

지금 중국 산동성 추현에 있는 맹가의 고택에는 그의 업적과 위상을 기리는 '아성전亞聖殿'이 세워져 있다. '아성'이란 말 그대로 성인에 버금가는 사람, 곧 공자에 버금가는 사람이라는 뜻이다. 맹가가 이와 같이 '아성'이라는 호칭을 얻게 된 까닭은, 물론 본문을 통해서 이미 충분히 짐작했겠지만, 유가의 종주인 공자의 사유를 심화하고 체계화해 윤리학적·철학적·정치학적 사상체계를 구축했기 때문이다. 진실로 맹가가 없었다면 공자의 지적 후예들이 오늘날과 같은 '유가儒家'라는 독립된 그리고 유구한 역사를 지니는 유가 문명을 일궈내지 못했을지도 모른다. 마치 플라톤이 없었더라면 소크라테스를 종주로 하는 '정통' 서양철학사를 상상하기 어려운 것처럼. 세간에서 유가의 별칭을 '공맹사상孔孟思想'이라고 하는 데 주저하지 않는 이유가 여기에 있다.

중국의 고대 인물들은 대부분 당대에 작성된 자세한 신상 기록이 없다. 따라서 정확한 인적 사항을 파악하기 어렵다. 그중에서도 맹가는 특히 그렇다. 맹가의 경우 정확한 생몰연대는 물론 부친의 이름이나 가계조차도 알려져 있지 않다. 자字 또한 자여子輿라거나 자거子車 등으로 불렸다고 하지만 확실하지 않다. 따라서 다음에서 간략하게 소개하는 맹가의 생애에 관한 내용은 《맹자孟子》에 나온 진술들을 재구성한 것이고, 여기에 사마천司馬遷의 《사기史記》, 후한後漢 학자 조기趙岐의 《맹자제사孟子題辭》 그리고 청淸나라 학자 적자기狄子奇의 《맹자연표孟子年表》의 내용을 정리한 것이다. 물론 이것 역시 어디까지나 추정이다.

기원전 372년 4월 2일 소국인 추鄒나라(지금의 산동성 연주부 추현)에서 맹가는 태어났다. 맹가의 부친에 대해서는 소개된 바가 거의 없지만 모친에 대한 기록은 많이 남아 있다. 특히 '맹모삼천지교孟母三遷之敎'라 하면 삼척동자도 알 수 있듯이 맹가의 교육과 관련된 모친의 일화는 당대에도 매우 유명했던 것 같다. 여기서는 전한前漢 말의 학자인 유향劉向(기원전 77~기원전 6)의 《열녀전列女傳》에 수록된 일화 가운데 하나인 〈맹모단직지교孟母斷織之敎〉를 소개하는 것으로 모친의 교육열에 대한 설명을 대신하고자 한다. 어린 맹가가 유학하다가 도중에 중단하고 돌아오자 모친이 짜고 있던 베틀의 씨줄을 자르면서 말했다. "네가 공부를 도중에 그만두는 것은 내가 지금 이 씨줄을 끊는 것과 같다. 여자가 생업인 길쌈을 포기하는 것은 남자가 남자로서 훌륭하게 살아가기 위한 수덕修德의 길을 포기하는 것과 같다. 남자가 되어 공부를 중단하면 도둑이 되든가 남의 밑에서 시키는 대로 일하는 길밖에 없다." 그 길로 어린 맹가는 다시 공부하러 떠났다고 한다.

이렇게 교육에 대한 열정이 남달리 강했던 모친 밑에서 학문의 중요성을 교육받은 맹가는 열다섯이 될 무렵 노나라로 유학을 떠났다. 여기서 자사에게서 공자의 학문을 직접 배웠다고도 하고 자사의 문하생에게서 배웠다고도 하는 두 설이 있는데, 맹가 자신은 공자의 학문을 사숙私淑, 곧 독학했다고 한다. 자사에게서 직접 배웠건 혼자 사숙했건 맹가가 공자의 학풍 가운데서도 내면적 수양을 중시하던 증자와 자사 계열의 공부를 했던 것은 사실이다. 반면에 후배인 순자荀子, 곧 순황荀況은 공자의 제자 가운데서도 중궁仲弓과 자하子夏 계열의 공부를 하여 예라는 사회적 규범을 통한 질서 안정을 추구했다. 이 점이 훗날 지적 후예들에게서 맹가는 공자의 덕치론을, 순황은 공자의 예치론을 발전·심화시켰다는 평가를 받게 만든 연유가 된다.

그렇다면 맹가가 공부한 공자 사상의 요지에 대해 간단하게 살펴보자. 공자는 흔히 춘추시대적 상황을 목격하면서, 즉 천자국 주周 왕실과 대소 제후국들의 관계를 지배해온 원리인 예적 봉건질서의 붕괴 조짐을 목격하면서 심각하게 고

민했다. 그는 제후들은 제후들대로 자국의 물리적 부강을 믿고 주 왕실을 능멸하기 시작하고, 관료를 대표하는 대부는 대부대로 자신의 부강을 믿고 제후를 무시하는 일이 수시로 발생하는 상황을 목격하면서 질서의 붕괴를 읽었고, 그것을 계기로 질서라는 것이 무엇이며 어떠해야 하는 것인지에 대한 근본적인 성찰을 시도했다. 그 결과 질서란 궁극적으로 또 필연적으로 인간의 본질적인 존재성과 관련되어 있음을 통찰했다.

인간이란 결코 고립적 존재일 수 없다. 태어날 때부터 부모의 몸을 빌려 태어나 평생을 타인과 더불어 살다가 타인의 존재를 통해서 사후에도 영속할 수 있는 '관계적 존재'이다. '관계적 존재'로서의 인간 본질은 당연히 인간의 실천윤리도 규정한다. 그것은 나를 존재하게 하는 존재인 남을 나만큼 사랑하는 마음, 내가 용서를 바라듯 남을 용서하는 마음, 내가 바라는 것을 이루듯 남이 바라는 것을 이루도록 도와주는 마음, 곧 타인을 배려하는 '인의 마음'을 모든 삶의 영역에서 구현해야 한다는 것이다. 이것은 가정이라 해서 예외일 수 없고, 사회라 해서 예외일 수 없으며, 국가라 해서 예외일 수 없다. 따라서 인의 보유 여부가 인간과 비인간의 기준이고, 인간 도덕의 준거이며, 정치세계의 사활을 좌우하는 벼리인 것이다.

이러한 공자의 학문을 체계화하고 집대성하는 데 있어서

맹가는 사십 대에 접어들면서 이미 타의 추종을 불허하는 인물로 부각되었던 것 같다. 그런데 맹가의 시대는 공자 시대와는 성격이 전혀 달랐다. 주나라는 이미 천자국의 위상을 완전히 상실하고, 천하는 경제력과 군사력을 기준으로 온갖 쟁탈을 일삼던 전국시대의 한복판이었다. 그중에서도 특히 아홉 나라의 강대국이 천하를 농단하던 이른바 '전국 구웅'의 할거 시대였다. 지식인들은 합종연횡술合縱連衡術 등 각종의 책략을 고안하는 데 몰두하지 않으면 양주의 개인주의[爲我], 묵적의 사해동포주의[兼愛] 사상에 탐닉하고 있었다.

맹가는 이러한 정치사회적·사상적 경향 모두를 근본적으로 천하의 평화를 위협하는 위험한 사조로 인식했다. 따라서 맹가는 이러한 현실을 극복하기 위한 노력을 두 가지 방향에서 전개하게 된다. 첫째는 스스로 천하를 주유하면서 당대 최고 권력자들을 만나 자신의 주의주장을 설득시키는 것이었고, 둘째는 그릇된 학설이라고 판단되는 타 학설들을 체계적으로 비판하는 한편 유가학설을 체계화·심화하는 작업이었다.

맹가는 천하주유의 길로 들어서기 전에 먼저 고국 추나라의 목공을 만나 자신의 주장을 설득시키고자 했다. 그러나 당시 추나라 목공은 노나라와 전쟁을 치를 때 추나라 백성들이 모두 방관했을 정도로 국민들에게서 정치적 신망을 상실하고 있던 인물이었다. 이런 목공을 만난 맹가는 그가 결코 자신의 신념을 실천할 수 있는 통치자가 아니라는 사실을 확인하고서, 백성들의 충성을 확보하는 방법에 대해 묻는 그에게 인정 외에는 다른 길이 없다는 말을 남기고 고국을 떠나게 된다. 기원전 331년부터 2년간 제나라 평륙과 임나라를 유람한 그는 기원전 329년 마흔넷이 되던 해 드디어 제나라 수도 임치로 가서 선왕을 만나게 된다. 사실 제나라 선왕은《맹자》에서 없어서는 안 될 인물이다.《맹자》에 나오는 군주와의 대화 가운데 70퍼센트 이상이 선왕과의 대화이다. 또 그만큼 가장 적나라한 대화를 나눈 이도 선왕이고, 가장 오랫동안 그리고 가장 반복적으로 방문한 국가는 선왕 재위 시의 제나라였다. 맹가는 세 차례에 걸쳐 제나라를 방문하면서 선왕에게 '당신은 충분히 왕도정치를 시행할 수 있는 자질을 가지고 있다'라는 말과 함께 귀가 따갑도록 '단 그것은 여민동락을 실천할 때이며, 그렇지 못할 경우 걸주桀紂의 신세가 되어 당신 한 몸도 건사하지 못하리라'는 협박을 수도 없이 반복했다. 뿐만 아니라 맹가가 인의예지 사덕四德의 인간 본성론, 왕도정치론, 방벌론의 원리에 대해 기회가 닿을 때마다 역설한 대상도 선왕이었다. 게다가 맹가에게 질문을 던지는 대부분의 당대 정치가들 또한 제 선왕의 신하들이었고, 명실이 상부하지 않아 끝내 사양하기는 했지만 외국인으로서는 최고의 관직이라 할 수 있는 객경 직책을 역임한 것도 제나라에서였다. 공손추를 비롯하여 주요 제자들 또한 대부분 제나라 사람이었다. 이러한 점들을 볼 때 맹가는 제나라 선왕을 자신의 정치적 포부, 곧 왕도정치를 실천할 군주로 크게 기대했던 것 같기도 하다. 그러나 당시 선왕은 끝내 패도의 길을 포기하지 않았고 맹가는 왕도론을 결코 포기하지 않았다. 그 와중에 선왕이 죽자 맹가와 제나라와의 인연은 끝이 났다.

이후 7~8년 동안 맹가는 그야말로 정치적 동반자를 찾아 이 나라 저 나라를 전전하게 된다. 마흔일곱(기원전 326)에 송나라로, 다시 추나라로(기원전 325), 또다시 등나라로(기원전 324)……. 등나라 문공도 맹가와 각별한 관계를 맺은 인물이다. 문공은 세자 시절부터 맹가와 그의 학설을 매우 존경하고 실천해보고자 꿈꾸었던 군주이다. 그러나 등나라는 원체 약소국인 데다가 특히 당시는 진나라와 초나라 사이에서 심하게 시달리고 있던 관계로 맹가 사상의 현실화는 사실상 기대하기 어려웠다. 게다가 문공마저 사망하여 맹가는 추나라로 돌아오지 않을 수 없었다. 때는 이미 그의 나이 쉰하나의 초로였다. 2년 후 맹가는 제나라 못지않게 강국인 위나라의 군주 혜왕에게서 초빙을 받는다(기원전 320). 위나라 혜왕은 《맹자》를 펼치면 제일 처음 등장하는 바로 그 양 혜왕이다. 물질적 부국강병책을 기대했던 양 혜왕에게 진정한 이익이란 인의의 도덕정치라고 일침을 놓은 맹가는 그곳에서도 2년을 넘기지 못하고 제나라 2차 방문길에 오른다. 이때 제나라에서 객경까지 지내지만 제나라의 속셈은 맹가의 정치적 소신을 사기보다는 명망만을 사고자 하는 데다가 모친상까지 겹쳤다. 고국으로 돌아가 3년 탈상을 마친 후 맹가가 다시 제나라로 돌아왔으나(기원전 315) 이미 제나라는 자국의 강력함만을 믿고 연나라 정복길에 나서고 있었다. 맹가는 마침내 제나라에 걸었던 정치적 동반자의 꿈을 완전히 접고 다시 송나라로 향했다. 그러나 송나라에서도 여의치 않아 다시 설나라로(기원전 312), 또다시 노나라로 가보지만(기원전 311) 모두 실망스러운 상황이었다. 맹가의 천하주유는 이렇게 막을 내렸다.

맹가는 이후 현실 정치에 직접적으로 관여하는 일은 완전히 그만두었다. 대신 남은 생애 20여 년 동안 만장을 비롯한 제자들을 교육하면서 그들과 함께 34,685자의 《맹자》를 저술했다. 인간 삶에 막대한 영향을 미치는 것으로 학설과 사상도 직접적인 정치 못지않다. 《맹자》에 따르면 인간의 정신세계에 기반을 두는 학설과 사상은 필연적으로 인간 사이의 일에 영향을 미치기 마련이고, 따라서 그것은 결과적으로 정치공동체 전체의 일에까지 확장될 수밖에 없다. 따라서 잘못된 학설은 개인적인 차원에서 그치는 것이 아니라 궁극적으로 정치공동체 전체의 불행으로 확장된다. 이리하여 맹가는 사악한 학설을 종식시키고 올바른 학설을 구축하는 데 자신의 남은 사명이 있다고 판단하게 되었다(〈등문공〉 상). 맹가는 학설의 정비와 관련하여 편벽된 학설을 상대로 그 가려진 바를 알고, 지나친 학설을 상대로 그 매몰되어 있는 바를 알고, 사악한 학설을 상대로 그 괴리된 바를 알고, 둘러대는 학설을 상대로 그 궁색한 바를 가려내는 것이라고 자신의 구체적인 임무를 설정했다. 맹가가 보기에 당시 가장 위험한 학설은 패도정치론과 위아주의, 겸애주의였다. 패도적 부국강병주의는 끊임없는 약육강식의 논리에는 결국 어떤 나라도 침략의 위협에서 안전할 수 없다. 나름대로 도덕주의를 함의하는 양주의 개인주의 역시 공적 영역에 대한 배려가 없고〔無君〕, 묵적의 사해동포주의 또한 사실상 사적 영역에 대한 배려가 없다〔無父〕는 점에서 위험하기는 마찬가지였다. 맹가에게 모든 천하 사람의 행복을 담보하는 정치는 공적 영역과 사적 영역이 잘 조화된, 다시 말해서 가족도 있고 국가도 있는〔有父有君〕 정치였다. 이것은 바로 인정 혹은 왕도정치에서 구현된다(〈등문공〉 하).

지성사를 바로잡는 자신의 작업에 대한 맹가의 자부심은 대단했다. 그는 이러한 작업에 대해 '요—순—우—탕—문·무·주공—공자'로 이어지는 도통을 계승하는 것으로 자임했다. 말년을 이렇게 교육과 사상계 평정 노력으로 보내던 맹가는 기원전 289년 여든넷에 고향에서 세상을 떠났다.

2. 《맹자》의 구성과 내용

《맹자》는 본래 각 편의 첫머리 두서너 자를 끌어와 붙인
〈양혜왕〉, 〈공손추〉, 〈등문공〉, 〈이루〉, 〈만장〉, 〈고자〉, 〈진
심〉 일곱 편으로 이루어져 있다. 후한의 조기趙岐가 이것을
매 편당 상하로 양분하여 전체 열네 편으로 나눈 후 무수한
《맹자》주석본과 구분법이 쏟아져나왔다. 그중에서도 남송南
宋 주희朱熹의 《맹자집주孟子集注》는 도가와 불가의 우주론과
인간론을 수용하여 유가적 형이상학 체계로 집대성한 주석
서이다. 주자학을 공식 이념으로 채택했던 조선시대 우리 조
상들은 이것을 교과서로 읽었고 이 책도 그 주석을 상당 부
분 참조했다. 물론 조선 후기, 특히 실학자들 사이에서는 주
자학과 공맹유학을 구분하려는 독자적인 《맹자》주석 시도
도 많이 이루어졌다. 다산 정약용의 《맹자요의孟子要義》 등이
전형적인 예라고 하겠다.

《맹자》가 대화체로 되어 있고, 특히 지금 전하는 판본들이
주석을 위하여 장구章句가 단락 지어져 있는 관계로 많은 경
우 일관된 주제하에 서술된 것이 아니라는 오해를 받아온 것
이 사실이다. 그러나 《맹자》는 대화체로 기술되어 있기는 하
지만, 플라톤의 저술이 그렇듯이 일정한 주제와 구성적 스토
리를 가지고 논리적으로 기술되어 있다. 이 점에서 분명 《논
어》와 구분된다.

〈양혜왕〉 상·하편은《맹자》의 서론격이라 할 수 있다. 양혜왕과 제 선왕 등 당대 최고 정치권력자들과의 대화를 중심으로 인의에 입각한 인정론仁政論, 곧 왕도정치론의 개요를 설명하고 있다. 특히 여기서 주목되는 점은 인정이 공허하고 고착적인 도덕정치가 아니라 양민의 토대 위에 윤리적 인간화〔敎化〕를 이룩한 정치여야 함을 분명히 한다는 점이다. 즉 경제적 토대 위에 윤리와 도덕이라는 상부구조가 가능하고 가능해야 함을 주장하고 있다.

제나라 출신으로 맹자의 제자인 공손추의 질문으로 시작하여 그의 질문으로 끝나는 〈공손추〉 상·하편은 앞 편에서 제기한 질문들에 대한 본격적인 해명이라고 할 수 있다. 특히 패도정치와 왕도정치의 본질적 차이, 역대 성왕들의 치적, 역사적으로 유능한 정치관료의 유형, 유덕자통치론 등에 대해 구체적으로 설명하고 있다.

〈등문공〉 편은 상편과 하편의 내용 차이가 다소 크다. 상편의 전반부는 주로 세자 시절부터 맹자를 존경하던 등 문공의 질문에 대한 대답으로 주나라의 예법禮法, 세제稅制, 정전법井田法 등에 관한 설명으로 이루어졌다. 후반부는 허행許行으로 대표되는 농가들 그리고 이지夷之로 대표되는 묵가들에 대한 답변이 이뤄지고 있는데, 당시 성행하던 사상에 대한 맹가의 비판적 시각이 잘 드러나 있다. 하편에서는 전반적으로 맹가의 수기치인론적修己治人論的 태도를 확인할 수 있다.

더불어 여기서는 맹가의 문명관과 역사관도 분명하게 피력되어 있다. 홍수를 다스려 최초로 인류에게 정착 문명을 열어주었던 우임금, 야만적 문화 생활을 다스려 찬란한 예 문명의 질서를 구축한 주공, 무부무군의 무도한 질서를 도덕적 평가로 바로잡아 도덕 문명의 길을 연 공자의 뒤를 자신의 유가학설 정립 작업이 계승하고 있다고 자임하는 것이 그것이다.

〈이루離婁〉 상·하편은 앞 편들과 달리 대부분 맹가의 소회나 독백식 진술들로 구성되어 있다. 내용상으로는 특히 《대학大學》과 《중용中庸》의 정신과 근본적으로 상통하거나 유사한 진술들이 많다. 예를 들면 윤리와 도덕성에서 인간 고유성을 찾는 점, 훌륭한 제도와 훌륭한 정신의 관계, 인간의 보편적인 능력, 최종적 책임과 희망의 주체로서의 인간관, 최고 통치자의 중요성을 역설하는 점 등이다.

〈만장〉 상·하편은 주로 맹가의 고제자高弟子인 만장의 질문에 맹가가 답변하는 형식을 빌려, 타 학설들로부터 공격적 비판 가능성이 있는 상황에 대해 한편으로는 유가를 정당화하고, 다른 한편으로는 유가의 이상을 한층 더 심화시키는 작업을 행하고 있다. 즉 유가에서 성인으로 추앙하는 순임금과 관련하여 효와 충의 충돌, 공과 사의 갈등, 천명의 전수, 정치 참여의 정당성, 사교상의 문제, 반정反正의 문제 등과 관련된 것들을 논하고 있다.

〈고자告子〉 상편에서 맹가는 당대 자신과 최대 논적이었던 고자와의 토론討論을 통해 성선론적 인간본성론을 구체적으로 논증하고 있다. 맹가는 인간에게는 생물적 본성과 도덕적 본성이 함께 있는데, 인간의 고유한 본성은 역시 도덕성에서 찾아야 한다는 점을 논증하고 있다. 그런데도 인간은 개나 닭을 잃어버리면 그것을 되찾고자 노력하면서도 자기의 고유한 도덕적 본성, 곧 양심을 잃어버리고서는 찾으려 노력하지 않는다고 꼬집으면서 그는 인간에게 고유한 것을 포기하는 이런 행위는 결국 인간이기를 포기하는 것이라는 흥미로운 논리를 전개하고 있다. 하편에서는 상편의 논지를 기반으로 바람직한 정치사회적 실천 양상에 대해 주로 군주와 신하, 군주와 자문가 사이의 상이한 예에 대하여 설명하고 있다.

형식 면에서 대화체가 별로 없고 〈이루〉 편과 마찬가지로 짤막한 진술들로 이루어져 있는 〈진심〉 상·하편은 서론격인 〈양혜왕〉 편에서 던졌던 포괄적 주장들을 마무리 짓고 있다고 할 수 있다. 그중에서도 인간 본성과 운명에 대한 깊은 성찰, 양민론과 교민론의 재강조, 특히 요순에서부터 맹가 자신에게까지 이르는 유가적 도통론道統論의 재확인 등이 주목된다. 그리고 이 모든 유가적 이상은 궁극적으로 인간 자신의 적극적인 실천의지, 곧 진심盡心에 의해 가능하다는 태도에서 다시 한번 인본주의적 태도를 확인할 수 있다. 다음 장에서는 《맹자》 사상의 핵심인 왕도정치론의 논리와 성격을 더 구체적으로 검토하기로 하자.

3. 왕도정치—물질적 풍요와 도덕적 성숙의 조화

정치의 존재 이유를 '위민爲民(for the people)'에서 찾는《맹자》는 정치의 세 요소로 주민(백성), 영토(사직), 주권(군주)을 전제하고 있다. 이 가운데서도 가장 중요한 그리고 어떤 경우에도 포기할 수 없는 요소를 주민으로 간주한다. "백성이 가장 귀하고, 사직이 다음이고, 군주께서 가장 가볍다." 통치자의 경우 폭정을 행하면 쫓겨나며, 영토 또한 홍수나 가뭄을 당하여 극복하려 노력하다가 끝내 다스릴 수 없는 지경에 이르면 백성들이 목숨 같은 정든 땅을 버리고 살 곳을 찾아 대이동을 시작한다. 이 모든 것이 다 백성들의 생명이 가장 중요한 것임을 반영한다. 그렇기 때문에 "일반 백성의 마음을 얻으면 천자가 되었고, 천자의 신임을 얻으면 제후가 되었고, 제후의 신임을 얻으면 기껏 대부가 되었던 것이다"(〈진심〉 하, 14절)라고 진술하고 있다.

따라서《맹자》는 '위민, 보민'에 저해되는 어떠한 정치도 거부한다. 그리하여 당대에 가장 선망되었던 패도정치politics of power에 대해《맹자》는 그것의 본질을 폭로하고 왕도정치politics of kingship를 대안으로 제시했다. 패도정치란 강제력으로 부국강병을 추구하는 정치체제politics by force로서 힘의 정치가 본질이다(〈공손추〉 상, 3절). 따라서 부국강병 자체가 목적이 되기에 각국은 필연적으로 끊임없는 전쟁 상태에 돌입하게 된다. 결과적으로 백성들이 사지인 전쟁터로 동원되고 마침내 '전쟁이 정치'인 상황이 벌어진다(〈양혜왕〉 상). 즉 패도정치는 사랑하는 백성과 자제들을 희생시켜가면서까지 사랑하지 않아야 할 재물이나 영토를 아끼는 정치, 곧 영토 때문에 인민과 자제들을 전쟁터로 내모는 정치이다(〈진심〉 하, 1절). 그러므로 패도정치는 겉으로는 부강한 정치 같지만 사실은 연목구어보다 못한, 마침내 반드시 전쟁이라는 재앙을 초래하고야 마는(〈양혜왕〉 상, 7절) 군사주의와 금권주의 정치에 지나지 않는다. 심지어 그것은 '토지 때문에 사람고기를 잡아먹는 정치, 그리하여 죽어도 그 죄를 용서받지 못할 정치'이기도 하다(〈이루〉 상). 그리고 이러한 군사주의와 금권주의는 '백성을 위한' 정치, '백성과 함께 하는(與民)' 정치가 아니라 '백성을 배제하고 군주만을 즐겁게 하는' '제민낙군除民樂君', '위군爲君'의 정치를 지향한다. 물론 백성을 배제하는 정치에서의 '위군爲君'은 진정한 '위군'이 아니라 결과적으로 군주도 망하게 하는 '망군亡君'의 정치로 귀결된다(〈양혜왕〉 상, 2절).

그러나 왕도정치는 이와 다르다. 왕도정치란 인정politics by virtue이라는 도덕정치를 통해 백성들한테서 자발적 복종을 확보하는 정치이다(〈공손추〉 상, 3절·〈이루〉 하). 이것은 백성들의 생명 보호를 최우선 목적으로 삼는 정치로서 '양민과 교화[養民而敎化]'를 기본적인 실천 방법으로 삼는다. 즉 '인민의 생활보장'에서 시작하여 '인민의 도덕교육[敎民]'으로 완성된다.

A. 다섯 묘의 택지에 뽕나무를 심으면 쉰 살의 노인이 비단옷을 입을 수 있습니다. 닭, 작은 돼지, 개, 큰 돼지를 기를 적에 새끼 칠 때를 잃지 않게 하면 일흔 살의 노인이 고기를 먹을 수 있습니다. 백 묘의 경작지에서 농사철을 빼앗지 않으면 여덟 가구가 굶주리지 않을 수 있습니다.

B. (그러고 나서) 상서의 가르침을 효도와 우애의 의리로 정성스럽게 거듭 행한다면 머리 희끗희끗한 노인이 길에서 짐을 이고 지고 하지 않아도 될 것입니다. 늙은이가 비단옷을 입고 고기를 먹으며, 젊은이가 굶주리지 않고 춥지 않을 수 있는 정치, 이렇게 하고서도 왕도를 펴지 못하는 자는 아직 없었습니다(〈양혜왕〉 상, 〈진심〉 상, 7·22절. A, B 표시와 단락 구분은 옮긴이).[125]

(1) 양민—왕도정치의 시작

위의 예문 A와 B의 관계에서 보듯이 왕도정치의 일차적 토대는 '양민'이다. 공동체 구성원들의 생명과 안전을 보장하는 것이 모든 정치공동체의 기본 임무임을 《맹자》 또한 정확히 인식하고 있다. "백성으로 말하자면 안정된 직업이 없으면 안정된 마음도 없는 법입니다. 그런데 안정된 마음이 없으면 방탕하고 편벽되고 사악하고 사치한 짓을 하지 않을 수 없습니다. 그리하여 이들이 마침내 죄를 저지르게 한 다음 좇아서 처벌한다면 이것은 백성을 그물로 긁어서 투옥시키는 짓입니다"(〈양혜왕〉 상, 7절).[126] 즉 인민의 생계를 보장하지 않는 정치, 안정된 직업을 제공하지 못하는 정치는 정치가 아니라 백성들을 범죄 구덩이로 몰아넣는 짓거리에 지나지 않는다는 것이다.

그런데 어느 수준에 이르러야만 양민이 이루어졌다고 할 수 있는가? 《맹자》는 최소한의 생계 보장이 아니라 복지 수준까지 제공될 때 비로소 양민이 충족된 상태라고 인식했다. 그것은 최소한 "쉰 살에는 비단옷이 아니면 따뜻하지 않고, 일흔 살에는 고기가 아니면 배부르지 않"기에(〈진심〉 상, 22절) '쉰 살 이상은 비단옷을 입고, 일흔 살 이상은 고기를 먹을 수 있는' 수준은 되어야 하며, '백성의 산업을 제정할 적에는 반드시 우러러 부모를 섬기는 데 족하게 하고 아래로는 처자를 살리는 데 족하게 하며, 풍년에는 종신토록 배부르게 하고 아무리 흉년이 들더라도 최소한 죽을 지경까지는 이르지 않게 해야 한다. 그런 후에야 백성들을 선善하게 만드는 것이 가능하다'고 한다. 그리고 이것은 '살아 있는 사람을 봉양하고 죽은 사람을 장사 지내는 데 후회 없도록' 하는 수준 (〈양혜왕〉 상, 3절)이기도 하다.

인간이 인식하는 시공간은 삶 아니면 죽음이다. 인간은 삶의 시공간 아니면 죽음의 시공간, 그 둘 중 어느 하나에 속하기 마련이다. 결국 양민이란 모든 시공간 속에서 물질적으로 후회 없는 상태를 말한다.

그렇다면 어떻게 해야 이러한 양민이 실현되는가?《맹자》는 인간의 정치행위나 사회행위가 생사의 자연적 이치를 위반하지 않으면 충분히 가능하다는 자연주의적 인식 구조를 지니고 있다.

〔백성들로 하여금〕농사철을 어기지 않게 하면 곡식을 이루 다 먹을 수 없습니다. 촘촘한 그물을 웅덩이와 연못에 넣지 않게 하면 물고기와 자라를 이루 다 먹을 수 없습니다. 도끼와 자귀〔손도끼〕를 가지고 제철에만 산림에 들어가게 하면 재목을 이루 다 쓸 수 없습니다. 곡식, 물고기, 자라를 이루 다 먹을 수 없고 재목을 이루 다 쓸 수 없어야 백성들로 하여금 살아 있는 사람을 봉양하고 죽은 사람을 장사 지내는 데 후회가 없도록 할 수 있습니다. 살아 있는 사람을 봉양하고 죽은 사람을 장사 지내는 데 후회가 없도록 하는 것이 왕도의 시작입니다(〈양혜왕〉 상, 3절).

위에서 보듯이 《맹자》는 국가나 정치가 인위적인 강제로 대민 수탈을 자행하지 않으면 양민을 유지할 수 있다고 전망한다. 그렇다고 해서 이것이 원시적 자연경제 구조를 지향했다는 말은 아니다. 분명 《맹자》에서는 야만적인 자연 상태를 극복하고 문명으로 진입시킨 순임금의 업적을 문명의 진일보로, 치수를 훌륭하게 수행하여 홍수를 극복하고 정착 농업의 길을 연 우임금의 업적을 또 다른 진일보의 문명으로 기리고 있기 때문이다(〈등문공〉 상). 따라서 여기서 말하는 자연주의적 인식 구조란 농사짓는 시기, 산란하는 시기, 재목의 성장기 등 자연적 생사의 이치를 어기지 않는 측면을 뜻한다.

결국 여기서 말하는 자연적 생사 이치의 준수 요구는 당시 만연하던 패도정치의 종식을 촉구하는 데 주안점을 두었다고 하겠다. 왜냐하면 당시의 시대적 배경을 고려할 때 '농사철을 어기지 않는다' 함은 농사짓는 노동력을 전쟁에 동원하지 말라는 메시지이고, 이는 곧 전쟁의 포기 또는 종식을 요구하는 것이기 때문이다. 즉 《맹자》는 농민을 전쟁터에서 해방시켜 본연의 위치로 복귀시킬 것을 요구하고 있었던 것이다. 다시 말해서 농민을 농민답게 본업에 충실할 수 있도록 해주는, 상인을 상인답게 장사할 수 있도록 시장을 평화롭게 운영하게 해주는 국가 운영을 요구하고 있었던 것이다.

(2) 교민—왕도정치의 완성

정치의 기본 임무는 공동체 구성원들의 생명을 보호하는 것이다. 그러나 품격 있는 인간적 삶이라면 물질 생활만으로 충족될 수 없고 도덕적·정신적 만족이 반드시 요구된다. 인간은 생물적 본성도 지니지만 도덕적 본성도 지니고 있기 때문이다. 생물적 본성은 인간이 여타 생물들과 공유하는 부분이지만 도덕적 본성은 인간에게만 고유한 것으로 간주된다. 곧 인간은 생물적 본성 차원에 머무르지 않고 도덕적 본성까지 구현할 때에 비로소 '인간다운 인간'이 되고 여타 금수와 구분되는 인간이 된다(〈이루〉 하). 이를 위해서는 새로운 인간으로 거듭나기 위한 인간 스스로의 수양이 필수적이다. 더불어 이것은 국가 차원의 노력도 필요하다. 바로 이 지점에서 국가에 의한 인간적 교육의 필요성이 제기되는 것이다. 정치공동체적 삶이 필수적인 인간Zoon Politikon에게 어떤 형태로든 도덕적 본성의 충족 없이는 공동체 삶 속에서 조화로운 삶을 실현하기는 불가능하기 때문이다. 그리고 이것은 윤리적 인간으로의 인간 혁명이야말로 진정한 정치 혁명임을 의미한다.

《맹자》는 이 점에 주목하여 인간의 고유한 특성, 곧 인간다움을 인간의 도덕성이나 윤리성에서 찾고, 따라서 왕도정치의 완성을 '교민', 즉 인간의 윤리화·도덕화에서 찾고, 정치의 궁극적 이상은 여기에서 완성되며, 이것이 인도人道와 천도天道가 일치되는 상태라고 보았다.《맹자》의 위대성은 인간의 도덕적 의지와 그것의 정치적 실천을 하늘의 권위와 동격에 둔 데 있다고 하겠다.

그렇다면《맹자》의 교민론에서 말하는 구체적인 교육 내용은 무엇인가? 그것은, 인한 덕성을 함양하도록 교육하는 것이라고 요약할 수 있다. 인은 나의 마음으로 타인의 마음을 헤아리는 추기급인推己及人의 마음이다. 그것은 소극적으로는 "내가 원하지 않는 바를 남에게 하지 않는 것"[127]이고 적극적으로는 "내가 하고자 하는 것을 남도 할 수 있도록 도와주는 것"[128]이다. 곧 그것은 '남을 사랑하는 것'(〈이루〉하)이다.《맹자》는 필연적으로 관계적 존재일 수밖에 없는 인간에게서 타인을 소외시키지 않고 배려함으로써 타인과 공존하려는 노력 자체가 곧 자신을 배려하는 것이라고 인식하고 있다. 따라서《맹자》는 '인은 사람〔人〕그 자체'(〈진심〉하, 16절)라고 인식하면서 남을 배려하지 않는 행위를 일상적인 자기의 삶을 포기하는 자포자기自暴自棄로 규정하기도 했다(〈이루〉상).

한편《맹자》는 인을 좀 더 세분화시켜 인·의·예·지 네 가지 덕으로 나누기도 했다. 이것은 각각 측은지심, 수오지심, 공경지심恭敬之心〔辭讓之心〕, 시비지심이라는 사단을 가지고 있다. 측은지심은 남을 불쌍하게 여기는 마음이다. 수오지심은 불인함을 부끄러워하고 싫어하는 마음이다. 공경지심

또는 사양지심은 남을 공경하고 자신을 겸손하게 여기는 마음이다. 시비지심은 옳고 그름을 판단하는 마음이다(〈고자〉상).《맹자》는 인간이라면 누구나 이 네 가지 양심과 덕성을 본성으로 구비하고 있음을 경험적으로 추론한다. 이를테면 측은지심의 경우에는 제 선왕이 사지로 끌려가는 소를 불쌍하게 여겼던 마음과(〈양혜왕〉 상, 7절), 우물에 빠지려는 아이를 구하려는 사내의 마음 등을 예를 들어 설명하고 있다(〈공손추〉 상, 6절). 문제는 다만 실천적 수양의 측면에서 정도 차이가 있는데, 국가는 백성들을 상대로 바로 이 점을 교육으로 도와주어 도덕적 본성을 회복하게 해야 한다고 역설한다. 즉 국가는 백성들이 타고난 본성을 회복할 수 있도록 교육함으로써 완전한 인간, 인간다운 인간으로 성숙시켜야 하는 의무를 지고 있는 것이다.

(3) 오륜―조화로운 인간 관계의 표상

양민과 교민이 실현된 국가는 관계윤리 차원에서 설명하자면 오륜적 윤리가 구현된 정치공동체라고 할 수 있다.《맹자》는 공자가 피력한 인간의 필연적 관계성과 그에 따른 도덕적 본성을 더욱 체계화시켰다. 인류의 존재 자체가 가족이라는 일차적 관계망에서 시작하여 사회와 국가라는 이차적 관계망을 형성해옴으로써 가능했던 인류 역사를 통해《맹자》는 인간이라면 누구도 피해갈 수 없는 관계망을 다섯 가지로 압축하고 이에 따르는 관계 덕목을 추출했다. 이른바 오륜론이다.

후직后稷〔농림부장관〕이 백성들에게 농사짓는 법을 가르침으로써 오곡이 무르익어 백성을 기를 수 있게 되었다. 그런데 사람에게 〔살아갈〕 방도가 있게 되었지만 배부르고 따뜻해도 가르치지 아니하여 금수에 가까운 상태가 되었다. 이리하여 성인〔聖人, 순임금〕이 그것을 걱정하여 설〔契, 교육부장관〕로 하여금 인륜人倫을 가르치게 했다. 부자유친父子有親, 군신유의君臣有義, 부부유별夫婦有別, 장유유서長幼有序, 붕우유신朋友有信이 그것이다(〈등문공〉 상).

실로 이 다섯 가지 관계망은 인간의 모든 관계망을 포섭한다고 해도 과언이 아니다. 사적 관계로서의 부부와 부자, 공적 관계로서의 군신, 공적 영역과 사적 영역이 중첩된 장유와 붕우 관계! 어느 누가 이 관계망을 벗어날 수 있다는 말인가? 이렇듯 관계들이 피할 수 없는 것이라면 관건은 조화로운 관계 유지에 달렸다. 《맹자》는 바로 이 지점에서 인간이라면 누구나 속하기 마련인 이 다섯 가지 관계망을 조화롭게 유지하는 것이 바로 조화로운 인간 공동체 유지의 핵심임을 역설하는 것이다.[129]

그런데 조화로운 관계의 구체적인 내용은 각각의 관계마

다 다르기 마련이다. 부모 자식 사이는 운명적인 관계이므로 어떤 경우에도 인위적으로 부정할 수 없다. 이른바 '자연적 결속 관계[天合]'이다. 그렇다면 양자 관계는 어떤 경우에도 서로 사이가 상하지 않도록 조심해야 한다. 곧 부모-자식 관계의 친친親親이 유지되어야 한다. 그러나 군신 관계는 다르다. 양자는 옳고 그름이 매개된 '인위적 결속 관계[義合]'이다. 따라서 군주나 신하는 공적인 의리가 서로 맞지 않는다면 결별하는 것이 정당하다. 군주께서 군주답지 못하면 갈아치울 수도 있다. 신료가 부덕하거나 무능하면 현인으로 교체해야 한다. 이렇듯 각 영역마다 '조화로운 관계의 덕목'은 다른 것이다. 즉 부자 사이에는 친함[親]이, 군신 사이에는 옳음[義]이, 부부 사이에는 상호 존중[別]이, 장유 사이에는 차례[序]가, 친구 사이에는 신뢰[信]가 형성될 때 '조화로운 관계'가 유지될 수 있다.[130]

그런데 각 관계 영역상의 조화는 그저 획득되는 것이 아니다. 각자가 각각의 관계 속에 부여된 각자의 역할과 그에 따른 덕목들을 잘 준수할 때 획득되는 것이다. 오륜으로 대표된 인륜이란 글자 그대로 '사람[人]의 몫[倫, 차례·질서]'을 말한다. 사람의 '몫'이란 즉자적·고립적으로 확보되는 것이 아니다. 특정인의 '몫'은 필연적으로 타인과 관계되어 있는 자신의 위상과 역할 속에서 상대적으로 규정된다. 즉 특정인에게는 자식으로서의 역할도 있지만 부모로서의 역할도 있으며, 친구로서의 역할도 있다. 그때마다 개인에게는 역할에 맞는 몫이 할당되어 있다. 그 몫이란 역할에 부과되는 의무와 권리, 곧 '행해야 할 의무'와 '누려야 할 권리'이다. 이때 한쪽에서의 의무는 상대의 권리로 나타난다. 구체적으로 그것은 '부모는 자녀를 사랑하고 자녀는 부모에게 효도하며, 군주는 신료에게 신의가 있게 하고 신료는 군주에게 충성스럽게 하며, 남편은 아내에게 온화하게 하고 아내는 남편에게 순응하며, 언니는 아우에게 우애 있게 대하고 아우는 언니에게 공손하게 대하며, 벗들끼리는 서로의 인을 돕는 것〔부자자효父慈子孝, 군의신충君義臣忠, 부화부순夫和婦順, 형우제공兄友弟恭, 이우보인以友輔仁〕'으로 나타난다. 이것이 지켜질 때 오륜에서 요구하는 각 영역의 친함, 의리, 상호 존중, 차례, 신뢰가 확보된다. 그리고 바로 이러한 '관계 속에서의 개인의 역할에 따른 의무와 권리의 총체성'이 곧 개인의 정체성이 되는 것이다. 즉《맹자》에서 개인의 자아란 자기 완결성을 가지는 독립된 실체가 아니라 자기 관계를 통해 형성되는 도덕적 주체이며 타인과의 관계를 통해 자기를 변형시키는 경험의 주체였던 것이다. 그리고 이것은 이후 유가의 기본적인 인간관, 개인관으로 정착했다.

　인륜 관계를 상정하는《맹자》의 규범 세계는 쌍무호혜적이다. 쌍무계약적이지 않다는 말이다. 오륜으로 대표되는 인륜 정신은 어느 일방이 의무를 수행하지 않았다고 해서 그에

상응한 타인의 의무 파기를 옹호하지 않는다. 왜냐하면 쌍무 계약성만으로는 인간 사회의 갈등과 투쟁을 방지하지 못한 다고 보기 때문이다. 그리고 이렇게 각자의 몫이 쌍무호혜적 으로 배려되는 사회를 공자는 '정명正名', 곧 명분이 바로잡 힌 사회라고 보았다. 바로 "군주는 군주답고 신하는 신하다 우며, 부모는 부모답고 자식은 자식다운"131 공자의 정명사 회를《맹자》는 오륜으로 구체화·체계화했던 것이다. 그렇기 때문에《맹자》적 관계주의 윤리관을 쌍무호혜주의, 조화적 관계주의, 배려주의라고 평가한다.

4. 유덕자와 방벌론—정치가의 자격과 정치적 책임

정치가의 자격에 대해 유덕성을 요구하는《맹자》의 주장 은 실로 혁명적이라 하지 않을 수 없다. 신분사회였던 당시 에는 정치참여와 정치주체를 설정함에 있어서 신분이 아니 라 정치에 필요한 덕성을 절대적 기준으로 삼아야 한다고 주 장했기 때문이다.

양민과 교민이 실현되는 사회, 오륜이 실천되는 사회인 왕 도정치를 가능하게 하는 가장 중요한 정치주체는 정치지도 자이다. 한 치의 어긋남도 없어야 하는 건축 설계를 위해 반 드시 제도기가 필요한 것처럼 왕도정치를 실현하기 위해서는 그 준거가 되는 인류의 표준적인 정치지도자의 존재가 필수적이다(〈이루〉 상). "나라에 도자기가 부족해도 제대로 된 나라일 수 없거늘 하물며 군자가 없다면 말해 무엇하겠는가?"(〈고자〉 하).《맹자》는 왕도정치를 실현할 정치가라면 무엇보다도 정치, 곧 양민과 교민에 필요한 덕성을 갖추어야 한다고 강조한다. 이러한 유덕성에는 결코 신분의 존귀, 총명의 현부, 나이의 장유, 과거의 공적 여부, 출신 지역 등이 개입해서는 안 된다(〈진심〉 상, 43절). 작위의 높고 낮음은 신분 서열에서나 기준이 되어야 하고, 나이의 많고 적음은 사회에서나 기준이 되어야지 세상을 돕고 백성을 기르는 정치 세계에 이것들이 개입해서는 안 된다(〈공손추〉 하, 2절). 이른바 유덕자란 인의예지를 보유한 자로서, 정치세계에서 그것은 양민과 교민 능력으로 나타난다. 이것은 또 백성을 자식처럼 사랑하는 마음과 신하의 장점을 자신의 장점으로 수용하여 담당 직무를 전적으로 신뢰하고 맡기는 마음으로 나타난다고도 말할 수 있다. 전자는 '백성의 부모 됨'으로 실천되는 마음이고, 후자는 '현자의 등용'으로 실천되는 마음이다. 이것이 인정이고 왕도정치이다.

　신분이 아니라 정치에 필요한 덕이 정치가로의 충원 기준이어야 한다는 주장의 정당성을 강화하기 위해《맹자》는 신분을 넘어서서 발탁된 많은 역사적 사례들을 제시하는 것도 잊지 않는다. "순은 밭 가는 농부 출신에서 [천자로] 발탁되었고, 부열傳說은 공사판에서 [재상으로] 발탁되었으며, 관이 오管夷吾도 선비 출신으로 등용되었고, 손숙오孫叔敖는 바닷가에서 등용되었으며, 백리해는 저잣거리에서 등용되었다" (〈고자〉 하).

그런데 그 유덕성은 어떻게 증명되는가? 이것은 정치공동체와 정치주체의 정당성 여부에 대한 《맹자》의 대답과 관련 있는 질문이라 할 수 있다. 《맹자》에 따르면 그것은 민심의 향배, 곧 구성원들의 지지 여부에 의해 결정된다. 하늘은 백성들이 보는 것을 통해 보며, 백성들이 듣는 것을 통해 듣는다(〈만장〉 상, 5절). 필부필부들이 도시락밥과 간장항아리를 들고 환영하면 해방전쟁이 되고, 목숨 걸고 저항하거나 피난 가면 침략전쟁이 된다(〈양혜왕〉 하, 10~11절). '전임 정치가가 후임 정치가를 추대했을 때 백성들이 받아들이면 그것은 하늘이 받아들인 것이다'(〈만장〉 상). '요임금이 죽었을 때처럼 모든 조정대신들과 제후들이 요의 아들 단주에게 조회하지 않고 28년간 섭정하던 순에게 조회하면 순의 유덕성이 증명된 것이고, 우임금이 죽었을 때처럼 사람들이 섭정하던 익을 따르지 않고 우의 아들 계를 따르면 계의 유덕성이 증명된 것이다'(〈만장〉 상).

그런데 만약 세습 체제인 현실 정치에서 무덕자가 군주로 있는 경우, 무덕자의 폭정이 행해질 경우 피치자들은 어떤 대안을 가지고 있는가? 이에 대해 《맹자》는 단호한 입장을 취한다. 정치가가 정치가의 존재 이유인 인정을 행하지 못한다면 이미 정치가가 아니다. 정치가여야 할 사람이 정치가답지 못한 경우 반드시 정치적 책임을 물어야 한다. 이것이 군신유의에 상응하는 책임이다. 《맹자》는 이를 역위론易位論과 방벌론의 정당화로 답한다. 즉 작게는 군주의 무덕성을 간해도 듣지 않으면 동 왕조 내에서 반정反正을 일으키는 것으로 군주를 교체할 수 있다(〈만장〉 하, 9절). 크게는 탕 임금과 무 임금의 예를 들어 어떻게 신하가 자기 군주를 시해할 수 있느냐는 제 선왕의 질문에 "인을 해치는 자를 '도적(賊)'이라 하고 의를 해치는 자를 '잔악하다'고 합니다. 잔악하고 도적 같은 사람을 '일개 필부'라 하는데, '일개 필부 주의 목을 베었다'는 말은 들었어도 '군주를 시해했다'는 말은 듣지 못했습니다"(〈양혜왕〉 하, 8절)라고 답했듯 왕조 자체를 교체하는 것도 가능하다. 제 선왕은 맹가와의 대화에서 군주께서 군주답지 못할 때 매번 개죽음을 당하는 것은 필연적인 소치라는 답변을 귀에 따갑도록 들어야 했다.

이런 사태를 방지하기 위해서 유덕자는 정치세계에 진출하면서 스스로 강력한 사명의식을 가져야 한다. 《맹자》는 정치가라면 최소한 "우는 천하 사람들이 홍수에 빠진 것을 자신 때문에 빠진 것처럼 생각했고, 직稷은 천하 사람들이 굶주리는 것을 자신 때문에 굶주리는 것으로 생각했던"(〈이루〉하) 정도의 강한 자임 의식을 가질 것을 요구했다. 물론 가능하다면 그 자임의 정도가 "내가 밭두둑 가운데서 이대로 요순의 도를 즐기는 것이 어찌 이 군주를 요순과 같은 군주로 만드는 것보다 나으며, 어찌 이 백성을 요순의 백성으로 만드는 것보다 낫겠는가? 어찌 그것이 이루어지는 것을 직접 보는 것만 하겠는가?……나는 하늘이 낸 백성 가운데 선각자이니, 장차 이 도로써 이 백성들을 깨우칠 것이다. 내가 이들을 깨우치지 않는다면 누가 하겠는가?"(〈만장〉 상, 7절)라는 이윤의 수준이 된다면 《맹자》는 매우 만족할 것 같다.

5. 21세기와 《맹자》

《맹자》에는 패권적·배제적 현실 정치에 저항하는 고대 동아시아의 대표적인 지성이 고스란히 살아 빛나고 있다. 타협할 줄 모르는 바로 이러한 정신사적 유산 덕분에 《맹자》는 이후 2천 년이 훨씬 넘는 세월 동안 동아시아 역사의 위기 때마다 그것을 극복할 수 있는 새로운 지적 원천을 제공해왔다.

한나라 가의(賈誼, 기원전 200~기원전 168)가 진秦의 법가적 통치제도를 청산하고 유가적 제도를 처음으로 구비할 때도, 당나라 한유(韓愈, 768~824)가 당대의 세속적 도교, 불교의 폐단을 비판하면서 도학론을 펼칠 때도, 송나라 주희가 형이상학적 성리학과 실천윤리로 공전의 히트를 칠 때도, 명나라

왕수인(王守仁, 1472~1528)이 마음에 입각한 지행합일적 치양지설을 주장할 때도, 조선의 실학자 정약용이 폭군의 교체는 정당하다는 탕론湯論을 전개할 때도, 조선의 개화지식인 유길준(兪吉濬, 1856~1914)이 서구 근대 민주주의 도입의 정당성을 주장할 때도, 한말의 박은식(朴殷植, 1859~1925)이 근대문명에 부합하는 유교구신론을 개진할 때도 《맹자》 다시 읽기를 통해 그 힘의 원천을 제공받았다. 다시 말해 유가문명권은 그 긴 세월 동안 새로운 문명적 도약을 시도할 때마다 《맹자》 재해석을 통해서 그 발판을 마련해왔다.

16세기 이래 전개된 산업혁명, 이에 기초한 자본주의의 출현, 각종 사회혁명 등을 통해 근대문명은 물질적 풍요를 비롯하여 인권에 대한 자각과 그 권리를 꾸준히 신장시켜온 것이 사실이다. 그럼에도 불구하고 근대문명은 첨단무기를 앞세운 갈등과 전쟁, 물질주의의 만연, 개발 위주의 환경 파괴, 계급이나 인종적 차별주의, 초강대국 중심주의 등 산적한 문제를 안고 있다. 우리는 이른바 근대의 유럽중심주의, 군사주의, 금권주의, 남성주의 등을 극복해야 할 과제로 안고 있다.

새로운 문명적 도약을 도모해야 하는 이 시점에서 근대를 작동해온 개인주의, 이기주의 윤리를 돌아본다. 이것들은 신분질서적 중세의 폐단들을 제거하고 인간의 존엄성을 담보하는 데 엄청나게 기여했음에도 불구하고 약자의 이익은 배제한 채 강자의 이익만을 '현실'이라는 이름으로 합리화할 수밖에 없었다. 실제로 지금까지의 근대문명의 전개는 일면 그것의 합리화의 역사라고도 할 수 있다. 《맹자》에서 누누이 강조되었던 것처럼 인간은 고립적으로 존재할 수 없다. 조화로운 공존 속에서 강자의 진정한 이익도 보장되는 것이다.

최근 20여 년 전부터 정치학계 일각에서는 '민주적으로 지속 가능한 정치참여'의 실현을 주창해왔다. 이 '민주적으로 지속 가능한 정치참여' 문화는 전적으로 자기이익만을 추구해서도 안 되고 자기희생만을 강요해서도 안 된다는 것을 전제로 한다. 그것은 "아직 완성되지 않은 인간의 자아실현self-realization"을 추구하고 "자신의 행위 조건과 결과를 통해서 타인들과 무수히 많은 방식으로 연결되어 있는 인간이 성숙해지기 위해서는 그러한 연관관계를 이해하고 그 행위의 결과에 대해 책임지는 것"을 목적으로 한다.[132] 이것은 개인주의 관계 관념에서 출발했던 근대 민주주의 원리가 공존적 관계주의 관념으로 전환하고 있음을 목적으로 한다. 이것은 또 새로운 현대문명의 미래가 공존의 문명을 구축하느냐 못하느냐에 달려 있다는 것을 자각했음을 의미한다. 공존의 문명은 상호 간의 돌봄과 배려의 쌍무호혜적 윤리를 필요로 한다. 고립적 개인주의 윤리에서 출발했던 근대문명을 성찰하는 이 시점에서 진심 어린 역지사지적 이해를 요구하는 《맹자》의 인 관념과 인정에 대한 현대적 재해석이 요청되는 이유가 여기에 있다.

1 '중국中國' 이른바 천하세계의 중앙국가라는 국호는 사실상 20세기
   초 '중화민국' 혹은 '중화인민공화국'이라는 근대국가가 출범하기 전
   까지는 중국 역사에서 공식적으로 국호로 채택된 적이 없었다. 그럼
   에도 불구하고 한족은 물론 주변의 이민족들 역시 유사 이래, 중원을
   차지한 국가를 '중국'이라고 당연하게 불러왔다.

2 본명 공구孔丘, 기원전 552?~기원전 479. 출생 연도가 《사기》에는
   기원전 551년, 《공양전公羊傳》과 《곡량전穀梁傳》에는 기원전 552년으
   로 기록되어 있다.

3 사실 '맹자孟子'가 아닌 '맹가孟軻'로 부르는 것은 유가의 전통상 외람
   된다는 것도 익히 잘 알고 있고, 또 단순한 유학 연구자로서만이 아
   니라 가능하기만 하다면 현대판 유자儒者가 되고 싶은 옮긴이에게 익
   숙한 것도 아니다. 그런데도 이처럼 옮긴이조차 계면쩍은 시도를 하
   는 까닭은 세계 대학자들의 저작을 고루 취급하는 책세상의 기획물
   의 형평성을 고려한 때문이다. 책세상문고·고전의 세계에서 다루는
   어느 학자, 어느 사상가가 '선생님' 소리를 듣기에 미흡하단 말인가?
   그럼에도 불구하고 그들은 모두 소크라테스, 플라톤, 장 자크 루소라
   불린다. 서양인들의 경우만 그런 것은 아니다. 당대에 '이자'니 '송자'

라 불렸던 우리의 선조 또한 우리는 이자가 아니라 이황, 송자가 아니라 송시열이라 부르지 않는가? 따라서 여기서도 맹자가 아니라 본명인 맹가로 부르고자 한다.

4   주 3에서 호칭에 대한 옮긴이의 입장을 밝혔음에도 불구하고 공구孔丘라 하지 않고 공자孔子라 한 것에 대해 해명이 필요할 것 같다. 첫째는 수천 년 동안 조상들이 공자라 불러온 것을 옮긴이가 냉큼 공구라 하는 것이 외람되다는 생각을 여전히 버리지 못한 데다가 다행히도 그는 맹가의 스승이어서 맹가의 책을 다루는 이 책에서만큼은 공자라 불러도 괜찮지 않을까 하는 생각 때문이다.

5   맹가 당시 전국구웅戰國九雄 중 하나였던 위魏나라의 혜왕惠王(본명은 영罃, 기원전 370~기원전 335 재위)이다. 위나라의 수도가 대량大梁이었는데 이 때문에 양이라는 말이 붙었다.

6   여기서는 경대부의 봉토封土 단위. 최소 통치 단위.

7   네 필 말이 끄는 전차 1만 대를 보유한 천자국.

8   네 필 말이 끄는 전차 1천 대를 보유한 제후국.

9   네 필 말이 끄는 전차 1백 대를 보유한 대부가家.

10 주周나라를 창업한 무왕武王의 아버지. 본명은 희창姬昌. 은殷나라 서백西伯으로서 인덕이 높아 천하의 3분의 2가 그에게 귀속되었다. 무왕이 이를 기반으로 방벌에 성공하고 주나라를 건설할 수 있었다.

11 하나라의 마지막 군주 이계履癸. 은나라의 주紂와 함께 폭군의 대명사. 술연못을 파고 남녀혼음을 즐기는 등 폭정을 자행하다가 탕에게 무력정복을 당했다.

12 1묘는 52평. 당시는 6척尺 사방을 1보步라 하고 1백 보를 백묘라 했는데, 진나라 이후는 240보를 1묘라 했다.

13 앞 절에 이어서 자세한 말을 듣겠다는 의사 표현이다.

14 추읍郰邑의 대부 공흘孔紇의 아들 공자.《시詩》·《서書》·《역易》·《예禮》

·《악樂》·《춘추春秋》를 재정리하거나 저술했고 유가사상의 시조가
되었다.

15 용俑은 마치 살아 있는 사람과 같은 나무 인형으로, 장례 시에 죽은
자와 함께 매장한다. 공자는 이러한 용 제도가 인간의 존엄성을 해칠
것이라는 점에서 '후손이 끊어질 것'이라는 저주에 가까운 말을 한
것이다. 실제로 이것은 후대에 순장殉葬이라는 악습으로 나타났다.

16 위나라의 전신. 진晉나라 대부들의 세력이 커지면서 스스로 나라를
창업했는데, 그것이 각각 한韓, 조趙, 위 세 나라이다. 양 혜왕의 나라
는 그중 위나라였다. 그런데 이 세 나라는 각기 정통성을 주장하는
경쟁국이었다. 여기서 혜왕은 위나라가 옛 나라인 진나라의 계승국
임을 나타내기 위하여 '우리 진나라'라고 표현한 것이다.

17 전국시대 구웅九雄 중 하나인 제나라의 군주. 본명은 전벽강田辟彊.
〈해제〉에서도 밝히듯이 맹가가 자신의 왕도정치를 현실에서 실천
해주기를 가장 기대했던 군주.

18 춘추시대 패군覇君. 본명은 강소백姜小白.

19 제 환공 사후 춘추시대 패군이 됨. 본명은 희중이姬重耳.

20 종을 만들 때 쓰는 희생犧牲.

21 짐승은 가을에 털갈이를 하기 때문에 사계절 가운데 가을에 털이
가장 가늘다.

22 원문의 '석지析枝'를 '팔다리를 주무르다'로 해석하기도 한다.

23 조회는 천자만이 제후들에게 받는 것이다.

24 부모가 지어준 이름을 귀하게 여겨 평소에는 사용하기를 꺼리고 잘
부르지 않으나, 부모·군주·스승 등의 앞에서는 겸손의 표시로 스스
로 그 이름을 불러 자신을 지칭한다.

25 이전에는 대부분 원문의 '악樂'을 '음악'으로 해석했다. 그러나 맹가
는 '음악'을 좋아한다는 제 선왕의 말을 계기로 처음부터 화제를 '음

악을 즐김'의 문제로 돌려놓은 다음 본인이 의도한 결론적 주장, 곧 '여민동락론與民同樂論'으로 이야기를 끌어가고 있다. 특히 이 부분부터 맹가는 본격적으로 '즐김'의 문제를 논하고 있다. 만약 이때의 '樂'을 '음악'으로 번역한다면 뒤에 나오는 사냥터 이야기와 이어지지 않는다.

26 탕이 은나라를 개창하는 과정에서의 고사이다. 이미 천명이 그에게 옮겨졌고, 실력도 그를 감당할 자가 없었다. 갈국은 당시 작은 백작 국가였는데도 방종무도했다. 이때 탕이 여러 차례 폐물을 보내 갈국을 도와주었다. 여기서는 이 일을 말한다. 그러나 후에 갈의 군주께서 폐백을 가져가 어린아이마저 죽여버리고 제사 지내지 않자 마침내 탕 임금이 갈葛나라를 정복했다. 자세한 사항이《맹자》,〈등공문〉하에 보인다.

27 문왕이 이미 천하의 인심을 얻어 세력이 강해졌는데, 서부의 변경 민족인 곤이가 자루 수도까지 침범해왔다. 그런데도 문왕은 이들을 무력으로 상대하지 않고 덕을 닦았으며 사신을 보내 방문하는 등 교린지도를 펼쳤는데, 이를 두고 말한다.

28 문왕의 조부 고공단보古公亶父 태왕이 북부 지역의 강한 훈육민족(흉노족이라고도 한다)으로부터 자주 침공을 받으면서 전쟁을 하지 않고 그들의 요구를 들어주는 회유책을 썼다. 그럼에도 끝내 훈육의 침략이 심해지자 그들의 목적이 영토임을 알고 주인들의 목숨을 살리기 위해 전쟁 대신 자신의 통치권을 포기하고 기산으로 이주했다. 〈양혜왕〉하, 5·14·15절 참조.

29 월나라 군주 구천이 오왕 부차에게 포로가 되어 몸소 오왕의 말고삐를 잡는 등 굴욕을 참고 신복臣服한 일을 말한다.

30 일반적으로 '師'를 '스승'으로 많이 번역해왔으나 문맥상 여기서는 난을 진압하는 공권력을 의미하는 '군대'로 해석함이 옳을 듯하다.

'師'에는 '스승', '스승으로 삼다'는 물론 '군대', '무리' 등의 뜻이 있다. 《맹자》,〈양혜왕〉하, 4절에 나오는 '師行而糧食'의 '師'도 군대를 뜻한다. 오늘날 군대에서 규모를 분류하는 말인 '사단師團' 역시 이런 맥락에서 비롯되었다.

31 폭군 주紂. 은나라의 마지막 군주 수受. 주지육림을 즐기고 달기에게 빠져서 폭정을 일삼다가 기원전 1100년경 무왕武王에게 천하를 빼앗겼다.

32 조우의 《온고록》에 의하면, 제 선왕은 맹가를 특별히 예우하여 빈사로 받들었는데 각국에서 온 직하학사들과는 다르게 대접하기 위하여 별궁인 설궁에 맹가를 거처하게 했다고 한다.

33 춘추시대 제나라의 명군주. 본명은 강저구姜杵臼. 기원전 547~기원전 490 재위.

34 제나라의 영공, 장공, 경공 삼 대를 모셨다. 특히 경공을 명군주로 만든 대부大夫 안영晏嬰의 존칭.

35 태산에 있는 명당. 주나라 천자가 동쪽 지역을 순수할 적에 제후에게 조회 받는 곳.

36 순임금 때 농사 업무를 관장했던 후직后稷의 증손.

37 태왕大王이 아내를 사랑하는 마음을 백성들에게까지 확대시킨 덕분에 모든 필부필부에게 짝이 있었다는 이야기다.

38 향사鄕士, 수사遂士 등의 관원들을 말한다.

39 대대로 공을 세운 집안 출신의 신하.

40 20 혹은 24냥兩이 1일.

41 주나라 무왕의 동생인 소공김公이 세운 나라. 당시 지금의 요령 지역과 북한 북부에까지 걸쳐 커졌던 강국.

42 실제로는 제나라나 연나라 모두 제후국이지만, 국력의 크기가 천자국에 맞먹는다는 의미에서 천자국을 의미하는 '만승지국萬乘之國'이

라는 말을 썼다.

43 공자의 제자. 본명은 증삼曾參. 특히 효를 강조함.

44 주나라의 후작국가 등나라 문후. 등나라 국민들이 존칭하여 문공이라 했다. 맹가를 스승처럼 모신 군주.

45 원래 후작 국가였으나 제 환공 이후 백작 국가로 추락한 소국.

46 빈邠과 동일. 지금의 섬서성 숙읍현 서부.

47 섬서성 기산현.

48 노나라 경공景公의 아들 숙叔.

49 노나라 평공의 신하이면서 맹가의 제자. 樂正은 복성, 이름은 극克.

50 맹가의 본명으로, 스승의 이름인지라 원래는 결코 함부로 부를 수 없지만 군주 앞이라 부른 것이다.

51 사士의 제례. 수퇘지, 생선, 육포를 씀.

52 대부의 제례. 삼정에 양, 암퇘지를 추가하여 씀.

53 맹자의 제자. 성은 공손, 이름은 추. 정치에 재주가 있고《주역》에 조예가 깊었다고 한다.

54 춘추시대 제 환공을 도와 강국이 되게 함. 본명은 관이오管夷吾.

55 공자의 제자 중유仲由의 자. 공자보다 아홉 살 연하로 우직, 용맹하여 공자를 정성껏 섬겼다.

56 원문에는 사이에 '왈曰' 자가 있어서 새로 시작하는 대화처럼 번역해야 하나 문맥상 잘못 들어간 글자로 보인다. 따라서 여기서는 생략하고 계속되는 발언으로 처리했다.

57 죽음을 높여 말한 것.

58 무왕의 동생으로 어린 군주 성왕成王을 도와 7년간 섭정하면서 주나라의 문물 예법을 정비함.

59 본명은 고불해告不害. 유가·묵가·도가를 겸수했으며 인간 본성은 선악이 없다는 주장으로 맹가와 논쟁을 전개했다.

60 공자의 제자. 자하와 관련된 용기에 관한 기록이 없는 것으로 보아 자로를 잘못 쓴 것인지도 모른다.

61 이상 거론한 사람들은 모두 공자의 제자.《논어》,〈선진〉편 참조.

62 고죽군孤竹君의 아들이자 숙제叔齊의 형. 주紂를 피해 살다가 문왕의 땅으로 감.

63 폭군 걸을 피해 도망했다가 탕湯을 도와 은나라에 공을 세움.

64 요堯는 당唐의 군주로서 순舜과 함께 성군의 대명사. 아들 단주에게 정권을 계승하지 않고 천하에서 가장 어질다는 순을 사위로 삼아 정권을 선양했다. 순은 우虞의 군주로서 최초로 역법曆法과 정치제도를 제정했다고 한다. 자애롭지 못한 부모 밑에서 슬기롭게 효행을 이루어 효의 표본이기도 하다. 요와 마찬가지로 천하의 성인 우禹를 발탁하여 정권을 선양했다.

65 같은 주장이 〈양혜왕〉상, 7절에서 나왔다. 여기서는 왕도정치의 이러한 양상을 제시한 다음에 이를 실현할 수 있는 근거가 모든 인간에게 본성적으로 내재해 있다는 이후의 주장을 개진하기 위해 다시 한번 논의를 전개한 것으로 보인다.

66 하나라의 창업 군주. 순으로부터 선양 받아 천자가 되었다.

67 우虞의 군주. 요임금으로부터 선양 받아 천자가 되었다.

68 노나라의 대부. 본명은 전획展獲. 유하는 식읍 명칭. 혜는 시호.《논어》,〈미자〉편 참조.

69 맹가는 자신이 제 선왕보다 작위만 못하지 나이와 덕은 더 높다고 본다. 물론 맹가는 기본적으로 사람을 사귀는 데 아무것도 내세워서는 안 된다는 입장이다. 이렇게 따지는 것은 제 선왕이 갖춰야 할 태도가 결여한 데 대한 질책이다.

70 맹가의 제자. 자세한 것은 알려져 있지 않다.

71 소송과 언론을 담당하는 관직.

72 당시 등나라가 국상을 당하여 맹가가 객경으로 등나라에 조문을 가게 되었으나 왕에게 총애받는 신하인 왕환王驩이 맹가에게 물어보고서 처리하는 것이 아니라 직접 일을 관장한 다음 설명하는 식인데 대한 간접적인 비판이다.

73 맹가의 제자. 맹가로부터 5백년 주기설을 직접 듣는 제자. 〈공손추〉하, 13절 참조.

74 공자의 손자. 이름은 급伋.

75 모두 목공 때의 현인.

76 제나라 사람으로 맹가의 제자. 〈진심〉 하, 21~22절에서도 맹가와의 대화가 보인다.

77 맹가의 제자. 제나라 사람. 맹가의 제자 가운데 가장 똑똑했던 인물인 듯하다. 유가의 정당화와 관련하여 맹가가 곤란할 법한 질문들을 많이 던진다.

78 공명고의 제자.

79 공명고는 효로 유명한 증자의 제자이다. 때문에 공명고와 그 제자 장식 사이에서 대효인 순의 고사에 관해 질문하는 것이다.

80 '於我何哉'에 대해서는 이와 달리 '내가 무슨 잘못을 했기에 그런가'라는 반성 조의 해석도 가능하다.

81 순이 가는 곳마다 도읍처럼 번성했다고 해서 붙은 별칭.

82 관직명. 여기서는 공공직에 있던 사람. 환도와 작당하여 나쁜 짓을 자행했다.

83 종족명. 끝내 항복하지 않고 저항했다.

84 우禹의 부친. 치수의 책임을 다하지 못함.

85 따라서 이 네 죄인을 '사흉'이라 하여 정치적 처벌을 한 내용이 《서경書經》, 〈우서虞書〉, 순전舜典 편에 기록되어 있다.

86 임금은 항상 북쪽에 앉으므로 남면하게 된다.

87 이것은 후한後漢 사람인 조기趙岐의 해석을 따른 것이다. 이와 달리 송대의 학자인 정자程子는 '당시 외병外丙의 나이 2세, 중임仲任의 나이 4세였다'라고 해석하고 있다. 송대의 학자인 주희朱熹는 어느 것이 옳은지 모른다는 입장이다.

88 당시 위나라의 종기 고치는 의원.

89 제 군주의 사랑을 받았던 내시의 이름.

90 우나라의 현인. 백리가 성이고 해가 이름이다.

91 궁지기宮之奇는 우나라가 뇌물을 받고 진나라에 괵虢을 치도록 길을 빌려주면 진나라가 괵을 무너뜨린 다음 우나라도 공격할 것이라며 말렸다.

92 천위天位, 천직天職, 천록天祿은 모두 자연인으로 살고 관직에 나가지 않았다는 말이다.

93 사냥에서 잡은 짐승의 양을 비교하여 많이 잡은 자가 적게 잡은 자의 획득물로 제물에 사용하는 것.

94 군주께서 현자를 봉양하기 위해 명예직을 주는 것.

95 공자 시대의 노나라 권세가의 장자.

96 출공出公이라고도 함. 《춘추》와 《사기》에는 효공이 보이지 않는다.

97 창고의 출납을 담당하는 하급 관리.

98 동산과 목장을 주관하는 하급 관리.

99 남의 입장을 이해할 적에 자신의 처지로 바꿔놓고 이해하는 것. 추기급인推己及人, 곧 용서.

100 당시 유세遊說에 능했던 달변가.

101 한韓, 위魏, 조趙는 원래 진晉나라의 대부가大夫家였으나 후에 세력이 커지자 스스로 나라를 열었다. 그래서 유가에서는 이들을 참칭한 군주로 보았으며 이런 맥락에서 한가韓家, 위가魏家라 칭한 것이다.

102 본성을 온전한 채로 보유한 비관직자.

103 문왕. 문왕이 서쪽 제후의 우두머리였다는 점 때문에 붙은 별칭.

104 〈양혜왕〉상, 3절과 7절에서 두 차례나 나온 구절이다. 그만큼《맹자》가 양민을 강조하고 있다 하겠다.

105 정전제를 실시한 것.

106 노나라 동쪽에 있는 산.

107 산동 일대에서 가장 높은 산.

108 도적 척蹠. 9천 명의 강도 무리를 이끄는 도적 두목 이름.

109 이름은 양주楊朱. 자는 자거子居. 전국시대 극단적인 개인주의자.《열자》,〈양주〉편에 고사가 보인다.

110 이름은 묵적墨翟. 노양 사람. 철저한 겸애주의자. 공리와 절검을 주장했으며 정치적으로는 평등관과 전제관을 동시에 주장했다.

111 노나라의 현인. 겸애주의와 개인주의 절충적 입장.

112 1軔= 1仞 =7〜8尺.

113 춘추시대의 다섯 패자. 곧 제齊 환공桓公, 진晉 문공文公, 진秦 목공穆公, 송宋 양공襄公, 초楚 장왕莊王.

114 제나라 권문세가의 자제로, 난세와 타협하기 싫어해 집을 나가 오릉於陵에서 원시적인 자급자족 생활을 한 사람.

115 노나라 은공부터 노나라 애공에 이르는 242년간.

116 주로 무왕이 폭군 주를 치는 대목에서 과장된 내용이 많음을 지적하는 것이다.

117 원래 규規는 건축 설계 시 네모를 만드는 반듯한 자이고, 구矩는 동그라미를 만드는 굽은 자이다. 한 치의 오차도 있어서는 안 되는 건축에서 자의 기능이 매우 중요하다는 점을 감안하여 일종의 헌정, 윤리강상 등 기본 질서를 지칭하는 용어로 쓰였다.

118 이미 이 책 제6장 1절에서 나온 문장이다.

119 공자는 남쪽 초나라에 갔다가 진나라와 채나라 사이에서 일주일간

제자들과 함께 끼니를 잇지 못하는 고초를 당했다.

120 고자高子는 우임금의 음악이 더 훌륭하기 때문에 사람들이 그만큼 더 자주 연주했고, 그래서 북의 꼭지가 닳아빠진 것 아니겠느냐는 입장이다.

121 그러나 맹가는 우임금이나 문왕이 다 같은 성인이기 때문에 어느 쪽의 음악이 더 낫다고 하기는 어렵고, 우임금의 북은 다만 더 오래되었기에 닳은 것이라는 입장을 취하고 있다. 즉 좁은 성문을 통과하는 수레들이 성문에 낸 바퀴 자국은 특정 수레의 것이 아니라 오랜 세월 동안 여러 대의 수레가 통과하면서 생겨난 것이라고 말함으로써 양자에 우열이 있음을 간접적으로 부정한다.

122 〈진심〉 상, 26절의 주석 참조.

123 맹가의 제자가 되어 배웠으나 철저히 배우지 못하고 떠나간 후 제나라에서 벼슬을 살았다.

124 마을에서 점잖은 척하는 사람.

125 《맹자》 첫 편인 〈양혜왕〉 상의 서두를 장식한 이 구절은 같은 편 말미에서 다시 반복되고 있다. 그러고도 모자라 마지막 편인 〈진심〉 하편에서 다시 반복되고 있다. 그만큼 '양민과 교민'이라는 테제는 《맹자》의 핵심이라고 하겠다.

126 백성들을 부양하는 것과 안전하게 지키는 것은 정치공동체의 존재 이유이다. 이것은 동서고금의 진리이지 서구 근대 계약론자들의 독점물이 아니다. 서구 근대 계약론자들이 최초로 발견한 것은 여기에 추가된 '자유'이다.

127 《논어論語》, 〈위령공衛靈公〉, "己所不欲 勿施於人".

128 《논어》, 〈옹야雍也〉, "夫仁者 己欲立而立人 己欲達而達人".

129 유가에서 가장 오래된 경전인 《서경》에서는 '오전五典', '오상五常' 등의 용어만 보이고, 《대학大學》과 《중용中庸》의 전傳에서 여러 가지

유형의 인륜적 사례들이 보일 뿐이다.

130 위에서 말한 인간의 윤리적 성격은 인간을 둘러싼 가장 포괄적인 공동체인 정치공동체에서 완전하게 구현된다.《맹자》는 개인이라는 인간은 '가족적 인간'의 숙명성뿐만 아니라 '정치적 인간'의 숙명성 역시 인정한다. 따라서 개인 인격의 자기 완성 과정은 최초의 그리고 가장 기본적인 가족적 존재로서의 인간 개인은 물론 정치적 존재로서의 인간 개인과 결코 무관할 수 없다. 그래서《맹자》는 이것을 개인-가족-국가의 관계 속 존재로서의 인간 개념을 체계적으로 설명하려 했던 것이다.《맹자》의 관점에서 볼 때 가족이 조화로운 인륜공동체의 가장 기초적인 형태라면 국가와 천하세계는 가장 추상적이면서 완결된 형태이다. 수신에서 시작된 개인의 완성은 가족의 범주로부터 국가·천하세계의 범주로 확장된다. 그리고 그 주체는 어디까지나 개인이다. 즉 "천하의 근본은 나라에 있고, 나라의 근본은 집안에 있으며, 집안의 근본은 자신에게 있다"(《이루》상).《맹자》는 왕도정치의 완성을 윤리적 인간, 도덕적 인간의 실현과 동일시하고 있다.

131 《논어》,〈안연顏淵〉, "君君臣臣父父子子".

132 Hanna F. Pitkin, "Justice: On Relating Private and Public", *Political Theory*(1981), 348~349쪽; 강정인,《민주주의의 이해》(문학과지성사, 1997), 187~189쪽 재인용.

더 읽어야 할 자료들

김승혜, 《원시유교》(민음사, 1990)

《논어》·《맹자》·《순자》에 대한 해석학적 접근이라는 부제를 달고 있는 이 책은 두 가지 이유에서 특별히 권하고 싶다. 첫째, 지금이야 사정이 달라졌다고 볼 수도 있지만(사실은 별반 다르지 않지만) 저자가 이 책을 집필하던 당시는 특히 '유교' 하면 '주자학'을 떠올렸던 것이 사실이다. 저자는 이러한 상황이 2천5백여 년의 역사를 지닌 유가 역사의 풍부성, 역동성을 간과하는 것이라는 데 주목하고 선진 유가사상의 대표인 공자·맹자·순자의 사상을 집중적으로 조명했다. 탈주자학적 시각에서 원시유가의 핵심 사상과 그 해석학적 발전 과정을 고찰했다는 점에서 최근 일고 있는 유가 전통을 재해석하고 재전유하려는 노력들의 선구라는 점에서 이 책을 일독하라고 권하겠다. 둘째,《맹자》는 동 시간대인 춘추전국시대 제자백가들의 사상들과 비교 관점에서 그것을 이해할 때 그 핵심적 성격과 특징이 더욱 잘 드러난다. 특히 최소한 공자, 순자의 사유와 맹자의 사상을 비교 이해하는 것은 필수적이라 하겠다.

소공권, 《중국정치사상사》, 최명·손문호 옮김(서울대출판부, 1998)

근대적 시각에서 유가사상사와 중국 정치사상사를 조망하는 대표적인 책이자 고전적인 책이다. 이 책은 어려서 유가적 교육을 받기는 했지만 반식민지 시절이던 1920년대에 미국 코넬 대학에서 '정치적 다원주의'에 관한 연구로 박사학위를 받은 저자가 중국으로 돌아와 청화대학 교수로 있으면서 1945년 처음 출판했던 책이다. 이 시기는 미국식 민주주의가 세계 무대에서 가장 모범적인 정치체제로 공인된 시기이기도 하다. 따라서 이 책의 시각이 근대적 잣대로 전통시대 정치사상을 재단한다는 약점을 지니기는 하지만, 고대 중국 정치사상의 발생부터 근대 정치사상으로의 전환까지를 총망라하면서도 풍부한 일차자료를 섭렵한 점에서는 아직도 이 책을 능가하는 것은 드물다. 따라서 이 책을 통해 유가사상사는 물론 중국 정치사상사 전체 맥락에서 《맹자》의 사상사적 위상을 자리매김할 수 있으리라 본다.

이상익, 《유가 사회철학 연구》(심산, 2001)

바로 다음에 소개할 이승환의 책과 쌍으로 읽기를 권하는 이 책은 유가의 세계관, 인간관, 가치관 등 형이상학적 논의를 바탕으로 유가 사회철학의 전반적인 개념체계를 해명하고 있다. 《주역》부터 한말 유생 유인석의 저술 《의암집》에 이르기까지 방대한 자료를 토대로 주자학적 사회관을 자유주의와 대비하여 분석하고 있는 이 책을 통해 우리는 《맹자》의 정치사회 관념이 특히 주자학적 사회철학으로 정립되는 측면을 알 수 있다. 부수적으로 율곡 이이, 의암 유인석 등 조선 주자학자들의 원전 소개와 분석으로 한국 유학사를 감상할 수 있는 기회를 풍부하게 누리는 재미도 적지 않다.

이승환, 《유가사상의 사회철학적 재조명》(고려대출판부, 1998)

1990년대 이후 전개된 국내 학계의 탈근대화론적 유가사상 재조명 노력의 선구라고 할 수 있다. 1장에서부터 5장까지는 고대 중국 정치사상의 정의관을 보편적 차원에서 검토했고, 6장에서부터 8장까지는 각각 원시 유가 속에서 법 관념, 권리 관념, 자유 관념을 해명하면서 궁극적으로 자유주의의 그것과 대비하고 있다. 9장에서부터 11장까지는 주자학 속에 나타난 합리성, 왕도·패도 논쟁, 사회철학적 성격을 규명하고 있다. 그동안 이승환 교수는 꾸준히 한국학계나 서구학계의 '서구중심주의'를 비판해왔다. 이 책은 그러한 이 교수의 주장을 학문적으로 실천한 결과물 중 하나라고 하겠다. 유가사상의 핵심적인 가치나 관념들을 보편 담론의 장으로 올려놓은 그의 공로는, 특히 현 학계 수준을 고려할 때 아무리 강조해도 지나치지 않을 것이다. 다만 책 전체를 통해서 반복된 진술과 논의가 잦은 것은 옥에 티다.

정약용, 《다산 맹자요의》, 이지형 옮기고 해석함(현대실학사, 1994)

선진유가적 《맹자》, 주자학적 《맹자》를 만난 독자들께 조선의 실학적, 조선의 고증학적 《맹자》 해석도 만나보라고 권하고 싶다. 다산 정약용은 《맹자》 가운데 난해한 부분과 선유들의 해석 가운데 오류가 있는 부분을, 한편으로는 한나라 조기의 해석부터 청나라 모기령, 염약거에 이르기까지 거의 2천 년에 걸친 유학자들의 《맹자》 주석을 재검토함으로써 방대한 주석들을 집대성하면서도 창의적인 《맹자》 해석을 산출했다. 특히 그는 유가사상사에서 엄청나게 기여하기는 했지만 성리학 일변도의 해석이 지니는 주희식 《맹자》 주석의 문제를 변증법적으로 지양하고 실용, 실천의 유가 본래의 사유세계 속에서 《맹자》를 만날 수 있도록 했다. 다산의 치밀한 주석과 더불어 오랜 시간 외길만 걸어온 원로 학자의 정성스러운 번역과 주석은 시간과 물량에 쫓기며 사는 우리들에게 여러 가지를 성찰하게 하는 계기를 제공할 것이다.

주희, 《맹자집주》, 송주복 옮기고 해석함(여산한학연구소, 1993)

일단 탈주자학적 이해를 위해《맹자》를 비롯한 원시유가를 정리했다면, 다음은 역으로 주자학의 대표사상가인 주희의 맹자해석본《맹자집주》를 완미하라고 권하고 싶다. 그 이유로는 적어도 세 가지를 들 수 있겠다. 첫째는 사실 다산 정약용도 이미 지적했지만, 조선시대 고착화된 주자학 이념의 폐단은 당시 지식인들의 교조적 이해 태도에서 비롯된 것이지, 주희에게 그 책임을 물을 일은 아니다. 유가사상사에서 사실상 주희만큼 유가적 사유체계에 질적 변화를 도모한 이도 없다. 종전까지 규범적 실천윤리가 훨씬 강하던 유가가 주희에 이르러서 비로소 형이상학적 체계를 갖추었다고 해도 과언이 아니다. 주희는 성리학적 형이상학 체계를 수립함에 있어서 불가와 도가의 형이상학체계를 발전적으로 수용하되, 이를《맹자》가 제공한 단초를 통해 유가적으로 재해석했다. 따라서 주희의《맹자집주》를 통해 독자들은 성리학적《맹자》독해를 만끽할 수 있을 것이다. 둘째, 완역과 원문의 맛을 동시에 느낄 수 있다는 점이다. 셋째, 기초적인 문법 설명도 곁들이고 있어 한문 입문자에게 유익하다.

안외순 sanahn@naver.com

1982년 이화여자대학교 정치외교학과에 진학했다. 여느 1980년대 학번들과 마찬가지로 강의실보다는 운동장과 거리와 주점에서 더 많은 시간을 보내다 학부 3학년 때 정조 원년(1776) 규장각에서 판각한 내각장본 《맹자》를 처음 접했다. 아는 글자보다 모르는 글자가 더 많았지만 큰 위안을 받았다. 노동 현장으로 진로를 결정한 친구들에게 미안해 대학원 진학을 결정하기까지 무척 고심했다. 이화여자대학교에서 석·박사 과정을 밟던 시절은 낮에는 정치학을, 밤에는 서당에서 사서삼경을 익히는 주독야독 시절이었다. 한국 전통시대의 마지막 국면인 대원군 집정기 정치권력의 성격과 관련된 연구로 석·박사학위를 취득했다.

전통의 재전유 관점에서 한국정치사, 한국정치사상, 유가정치사상을 연구해왔다. 주요 논문으로는 〈대원군 집정기 권력구조에 관한 연구〉, 〈송시열과 한국 보수주의의 기원〉, 〈유가적 군주정과 서구적 민주정에 대한 조선 실학자의 인식〉, 〈정약용의 사상에 나타난 서학과 유학의 만남과 갈등〉, 〈19세기말 조선에 있어서 민주주의 수용론의 재검토〉 등이 있고, 《근역서화징》과 《김택영의 조선시대사 한사경韓史綮》 등을 공역했다. 전통 시대 한국정치사/한국정치사상의 체계 수립을 학문적 과제의 하나로 삼고 있다.

이화여자대학교, 서강대학교, 서울대학교, 성균관대학교 등에서 한국·동양정치사상 강의를 했고, 한국정치사상학회 회장을 지냈다. 현재 한서대학교 글로벌언어협력학과 교수로 재직하고 있다.

맹자

초판 1쇄 발행 2002년 9월 30일
개정 1판 1쇄 발행 2023년 2월 10일
개정 1판 3쇄 발행 2023년 12월 15일

지은이 맹가
옮긴이 안외순

펴낸이 김준성
펴낸곳 책세상
등록 1975년 5월 21일 제2017-000226호
주소 서울시 마포구 동교로23길 27, 3층 (03992)
전화 02-704-1251
팩스 02-719-1258
이메일 editor@chaeksesang.com
광고·제휴 문의 creator@chaeksesang.com
홈페이지 chaeksesang.com
페이스북 /chaeksesang   **트위터** @chaeksesang
인스타그램 @chaeksesang   **네이버포스트** bkworldpub

ISBN 979-11-5931-732-3 04080
       979-11-5931-221-2 (세트)